USA · Der Südwesten mit dem Wohnmobil

Gaby Fichtl

Schöne Nebenstrecken werden als »Scenic Route« ausgeschildert.

USA · Der Südwesten mit dem Wohnmobil

Traumtouren zwischen Pazifik und Mittlerem Westen

Gaby Fichtl

BRUCKMANN

Highway 1 – die Traumstraße vieler USA Reisender. Besonders morgens steigen aus dem kalten Pazifik oft Nebelschwaden auf.

INHALT

Glasklarer und fischreicher Bach im Owens Valley

Im »Wilden (Süd-)Westen« der USA

Träumen Sie auch davon, mit dem Wohnmobil durch den Westen der USA zu fahren, das Colorado-Plateau, die großen Wüsten, die Rocky Mountains und die Pazifikküste zu erkunden? Wenn ja, dann haben Sie das richtige Buch in Händen. Auf vier unterschiedlichen Touren möchte ich Ihnen die Vielfalt meines liebsten Reiselandes vorstellen.

Es ist einfach herrlich, völlig unabhängig, aber doch mit dem vollen Komfort eines Wohnmobils durch die traumhafte Landschaft zu cruisen. Da die Amerikaner selbst begeisterte Camper sind, ist die Infrastruktur dementsprechend überall gut ausgebaut, und es lässt sich problemlos von einem Highlight zum nächsten fahren. Anders als in Europa ist jeder Campingplatz mit Tisch und Bank und dem obligatorischen Grill und/oder Feuerstelle ausgestattet. Lassen Sie sich verzaubern von tiefen Canyons, fabelhaften Sandsteinformationen, schneebedeckten Gipfeln, riesigen Seen und heißen Wüsten.

Auf unseren Touren besuchen wir selbstverständlich die fantastischen und bekannten National Parks mit ihrer reichen Fauna und Flora, doch auch kleine, wenig bekannte Gebiete kommen nicht zu kurz. Dabei ist es manchmal notwendig, auf ungeteerte Straßen auszuweichen. Doch keine Angst, die Ziele sind so gewählt, dass sie für Wohnmobile, bei trockenen Verhältnissen, problemlos zu befahren sind.

Trotz der vielen Ziele, die angefahren werden, stellen die Touren nur eine Auswahl dar, die keinen Anspruch auf Vollständigkeit erhebt. Im Gegenteil, ich möchte Sie, je nachdem wie viel Zeit Sie haben, dazu ermutigen, weitere State Parks, National Monuments oder prähistorische Stätten zu erkunden. Dabei helfen Ihnen die Freundlichkeit, Offenheit und Hilfsbereitschaft der Amerikaner weiter. Auch nicht perfekte Sprachkenntnisse stellen kein großes Problem dar. Durch ihre Einwanderungspolitik sind die Amerikaner es gewohnt, mit unterschiedlichsten Aussprachen zurechtzukommen. So steht Ihrem Abenteuer »Wilder Westen« nichts mehr im Wege.

Ich wünsche Ihnen erlebnisreiche und spannende Wochen im Land der (fast) unbegrenzten Möglichkeiten.

Ihre Gaby Fichtl

Fischerhütte in Monterey

» DER WESTEN – LAND UND LEUTE

Auch wenn die Gegend unbewohnt und einsam anmutet, leben hier doch viele Menschen.

DER WESTEN – LAND UND LEUTE

Die Geschichte der Vereinigten Staaten ist die Geschichte vieler verschiedener Menschen, die ganz unterschiedlichen Kulturen und Religionsgemeinschaften angehören.

Die ersten Bewohner Amerikas

Jäger und Nomaden aus Asien waren die ersten Menschen, die nordamerikanischen Boden betraten. Über eine Landbrücke, die damals noch die beiden Kontinente miteinander verband, folgten sie ihrer Beute und verbreiteten sich in südlicher Richtung. Archäologische Funde aus Nordamerika beweisen, dass es bereits um 10 000 v. Chr. Ansiedlungen in einem Großteil des westlichen Landesteils gab. Bisons oder Büffel, die in großen Herden in den Prärien lebten, stellten nicht nur die Hauptnahrungsquelle der Ureinwohner dar, sie lieferten auch Häute, Felle und daraus gefertigte Gebrauchsgegenstände. Ab etwa 3000 v. Chr. wurde in den Flusstälern der heutigen Staaten New Mexico und Arizona eine frühe Maisart angebaut, wobei die Felder mithilfe erster Bewässerungssysteme mit dem lebensnotwendigen Wasser versorgt wurden. Um 300 v. Chr. entstanden die ersten festen Siedlungen.

Die Entdecker Amerikas

Die ersten Europäer, die Nordamerika um das Jahr 1000 n. Chr. erreichten, waren Wikinger aus Island, angeführt von Leif Ericson. Im Mündungsgebiet des St.-Lorenz-Stroms erkundeten sie die Küste und segelten hinunter bis zum heutigen Bundesstaat Massachusetts. Ob sie diesen Landstrich, wie in einer alten Saga überliefert, tatsächlich »Vinland« (Weinland) nannten, ist bis heute nicht bewiesen.

1492 segelte der italienische Seefahrer Christoph Kolumbus (1451–1506) im Auftrag der spanischen Krone von Europa nach Westen. Auf der Suche nach einem kurzen Seeweg nach Indien landete er auf einer Insel der Bahamas. In der festen Überzeugung, Ostasien erreicht zu haben, gab er der »westindischen« Insel den Namen San Salvador. Tat-

sächlich hat Kolumbus selbst das nordamerikanische Festland weder gesehen, geschweige denn betreten, doch die ersten Erkundungen des Kontinents starteten von spanischen Besitztümern in Mittel- und Südamerika aus, die er zu gründen geholfen hatte.

Die Kolonien in der »Neuen Welt«

Anfang des 16. Jahrhunderts setzte die erste große Einwanderungswelle von Europa nach Nordamerika ein. 1620 erreichten die Pilgerväter auf der Mayflower das Land und errichteten die Kolonie Plymouth in Massachusetts. Die meisten Auswanderer verließen ihre Heimat aus politischen, finanziellen oder religiösen Gründen, manche auch aus Abenteuerlust angesichts der Möglichkeiten, die sie in der neuen Heimat zu finden hofften. Die meisten Siedler stammten aus England, aber es kamen auch Holländer, Schweden, Deutsche und in geringerem Umfang französische Hugenotten, Spanier, Italiener und Portugiesen. Nur wenige Kolonisten konnten die weite Reise selbst finanzieren und so mancher kam als »indentured servant« (engl. Schuldknecht), d. h. er verpfändete seine Arbeitskraft für einen bestimmten Zeitraum im Austausch gegen die Überfahrt.

Diese Auswanderer siedelten sich entlang der Ostküste in zunächst 13 Kolonien an, waren jedoch nach wie vor politisch und wirtschaftlich europäisch orientiert.

Borstenkiefern brauchen große Höhen und sehr raues Klima.

Kampf um die Freiheit

Im 18. Jahrhundert verlegte sich die britische Regierung, die immer mehr Geld für die Erhaltung ihres wachsenden Imperiums benötigte, auf eine neue Finanzpolitik. Besonders nach dem Siebenjährigen Krieg (1756–1763) zwischen England und Frankreich waren die englischen Staatskassen leer. So kam man auf die Idee, die Siedler in den Kolonien an den Kriegskosten zu beteiligen. Zu diesem Zweck wurden zusätzliche Steuern auf Zucker, Kaffee, Textilien und andere Waren erhoben. Zusätzlich zwang der »Quartering Act« die Kolonisten per Gesetz, die in den Kolonien stationierten britischen Soldaten zu beherbergen und zu versorgen. Das Stempelgesetz (Stamp Act) verfügte, dass sämtliche Zeitungen, juristischen Dokumente und Lizenzen in den späteren USA mit Steuermarken versehen werden mussten. Die Kolonisten, die im britischen Parlament in London keine Vertretung hatten, waren der Meinung, dass eine Besteuerung ohne ihre Mitsprache unrechtmäßig sei. »No taxation without representation«, lautete ihr Diktum. Daraufhin wurden die vom Mutterland Großbritannien erhobenen Steuern zwar wieder abgeschafft – dafür aber jetzt Zölle erhoben, z. B. auf die Einfuhr von Leder, Papier und Tee. Der Konflikt eskalierte und 1773 kam es zur sogenannten Bos-

Linke Seite: Die Felsformation »The Three Judges« (engl., »Die drei Richter«) im Licht der aufgehenden Sonne

ton Tea Party, bei der 342 Kisten Tee von Patrioten, die sich als Indianer verkleidet hatten, ins Hafenbecken geworfen wurden. Die britische Regierung reagierte darauf mit den »Intolerable Acts«, es wurden Truppen nach Boston verlegt, der Hafen geschlossen und der Handel unterbunden. In dem darauffolgenden Unabhängigkeitskrieg – ausgelöst durch die Unabhängigkeitserklärung des Kongresses am 4. Juli 1776, der bis heute der Nationalfeiertag der Vereinigten Staaten ist – gegen das englische Mutterland erstritten sich die 13 nordamerikanischen britischen Kolonien schließlich die Autonomie. Bis heute erinnern die 13 Querstreifen in der amerikanischen Flagge an diese 13 Gründerstaaten und ihren Kampf um die Unabhängigkeit.

Der Louisiana Purchase – ein echtes Schnäppchen

Der Louisiana Purchase war das größte Grundstücksgeschäft der Geschichte. Im Jahr 1802 wollte der amerikanische Präsident Thomas Jefferson (1743–1826) die Stadt New Orleans kaufen. Die Stadt kontrollierte den Mississippi, der damals schon wichtig war für den Wassertransport von landwirtschaftlichen Gütern aus den westlich der Appalachen liegenden Gebieten der USA. Aufgrund des Pinckney-Vertrags mit Spanien hatten amerikanische Kaufleute das Recht, den Hafen von New Orleans zu benutzen. Napoleon Bonaparte hatte im Jahr 1800 Louisiana und damit New Orleans, das seit 1762 spanische Kolonie gewesen war, wieder unter französische Kontrolle gebracht. Die Amerikaner fürchteten nun, dass sie das Recht zur Nutzung des Hafens verlieren könnten. Die Jefferson-Regierung kam zu dem Schluss, dass es das Beste sei, die Stadt New Orleans und deren nähere Umgebung zu kaufen, um langfristig den Zugang zum Mississippi zu sichern. Als die amerikanischen Unterhändler James Monroe und Robert R. Livingston zu den Verhandlungen kamen, waren sie sprachlos, als ihnen das gesamte Gebiet vom Golf von Mexiko bis Ruperts Land und vom Mississippi bis zu den Rocky Mountains – immerhin sage und schreibe 2 144 476 Quadrat-

kilometer Land – angeboten wurde. Am 30. April 1803 wurde der Vertrag unterzeichnet und das Gebiet wechselte zu einem Preis von 80 000 000 Franc bzw. 15 Millionen Dollar (das entspricht einem Quadratkilometerpreis von 7 US-Dollar!) den Besitzer. Das neu erworbene Land umfasste weit mehr als den heutigen Staat Louisiana, nämlich darüber hinaus die heutigen Staaten Arkansas, Iowa, Missouri, South Dakota, Nebraska, Kansas und Oklahoma, Teile von Minnesota, North Dakota, Texas, Montana, Wyoming, Colorado und New Mexico sowie Teile der kanadischen Provinzen Saskatchewan, Manitoba und Alberta. Mit dem per Louisiana Purchase gekauften Land hatte sich die Staatsgröße der USA damals auf einen Schlag mehr als verdoppelt, heute macht es noch mehr als ein Viertel der USA aus.

Diese 2,14 Millionen Quadratkilometer neues Land brachten allerdings auch einige Schwierigkeiten mit sich, denn es war unbekanntes Terrain, vor dem es weder Karten noch sonstige Aufzeichnungen gab. Auch die Grenzen waren nicht genau definiert, es war lediglich klar, dass es sich zwischen dem Mississippi im Osten bis zum Golf von Mexiko im Süden erstreckt.

Die Lewis-Clark-Expedition

Am 20. Juni 1803 erteilte Präsident Thomas Jefferson dem Captain des 1. Infanterieregiments Meriwether Lewis den Auftrag zur Erforschung des neuen Staatsgebiets im Westen: Ein Expeditionsteam sollte unter anderem den Verlauf des Missouri dokumentieren bzw. etwaige andere schiffbare Wasserstraßen zum Pazifik finden, die für den Handel nutzbar wären. Meriwether wählte William Clark zu seinem Partner und die Entdeckungsreise der beiden Pioniere und ihrer 27 Begleiter (von Jefferson das »Corps of Discovery« genannt) begann am 14. Mai 1804 in St. Louis, Mississippi, wo sie auch zwei Jahre

Jenny Lake im Grand Tetons National Park

Linke Seite: Das historische Fruita-Schulhaus der mormonischen Siedlerkinder im heutigen Zion National Park

später am 26. September 1806 wieder endete. Die Gruppe legte auf ihrer Erkundung mehr als 12 000 Kilometer durch seinerzeit wildes und unbekanntes Land zurück und dokumentierte die Reise ausführlich mittels Aufzeichnungen und Karten. Erst diese Informationen ermöglichten die Besiedelung des Westens.

Go west

Erst nachdem die – im wahrsten Sinne des Wortes – »Vorreiter« Lewis und Clark als Erste einen durchgehenden Überlandweg vom Atlantik zum Pazifik gefunden hatten, folgten Jäger, Fallensteller, Pelzhändler und Holzfäller ihren Spuren. Damit begann Anfang des 19. Jahrhunderts die Besiedelung des gesamten nordamerikanischen Kontinents von der Atlantikküste aus. Einige der Trapper, wie z. B. Jedediah Smith, pflegten mit verschiedenen Indianerstämmen Handelsbeziehungen. Die Kontakte und Erfahrungen, die sie an der sogenannten »frontier« (der Grenze zum Indianergebiet) gemacht hatten, kamen den Siedlerpionieren sehr zugute. Andere, wie z. B. Jim Bridger, hatten Kenntnisse der Sprache und Kultur einzelner Indianerstämme erworben und wurden so als Scouts (Kundschafter bzw. Pfadfinder) für Siedlertrecks (Planwagenkolonnen) nach Westen verpflichtet. Wieder andere dienten der US-Armee während der Indianerkriege als Berater oder Dolmetscher bei Verhandlungen oder als Fährtensucher.

Für die Pioniere in ihren Planwagen war es ein extrem hartes Leben. Sie mussten der wilden Natur ihren Lebensunter- und -erhalt abringen und dabei gegen Wind, Hitze, Staub, Regen, Schnee und Kälte kämpfen. Doch nicht nur das Klima machte ihnen zu schaffen, sondern auch Hunger, Durst, Krankheiten, wilde Tiere – und nicht zuletzt Überfälle der Indianer, die sie auf ihrem Weg in den Westen aus ihren angestammten Gebieten verdrängten, was unweigerlich zu Konflikten führen musste. 1830 wurden die Ureinwohner zwangsenteignet und umgesiedelt, was zu erbitterten kriegerischen Auseinandersetzungen führte.

Krieg gegen die »First Nation«

Das bekannteste Beispiel einer Umsiedlung war der Trail of Tears (Pfad der Tränen) im Herbst und Winter 1838/39. Diese Zwangsumsiedlung des Indianerstammes der Cherokee aus dem Südosten ins Indianerterritorium forderte zahlreiche Opfer. Gründe dafür

Eine gut ausgebaute Straße führt durch die Lavafelder des Sunset Craters.

Mittagspause im Wohnmobil

Agathla Peak ist ein vulkanischer Zapfen, der stehenblieb, während das restliche Gestein erodierte.

Mächtige Bisonbullen äsen auf einer Wiese.

waren mangelnde Planung, Verpflegung und Ausstattung. Von den etwa 10 000 nach Westen aufgebrochenen Indianern starben auf dem über 2000 Kilometer langen Weg etwa 4000. Die Indianer wurden jedoch nicht nur in Reservate verdrängt, General Sheridan ordnete auch die planmäßige Abschlachtung der Bisonherden an, um den Ureinwohnern ihre Lebensgrundlage zu entziehen und sie damit unweigerlich dem Hungertod auszuliefern.

Die wohl bekannteste größere Schlacht, welche die Indianer unter den legendären Häuptlingen Sitting Bull und Crazy Horse gewinnen konnten, war die Schlacht am Little Bighorn im Juni 1876. Dabei konnten 950 bis 1200 Indianer, hauptsächlich Lakota und Cheyenne, 200 US-Soldaten unter der Führung von Colonel George A. Custer vernichtend schlagen. Doch dieser Sieg entfachte nur eine umso größere Welle der Vergeltung vonseiten der US-Amerikaner. Sie verfolgten die Lakota- und Cheyenne-Indianer bis zu deren Kapitulation.

Im Südwesten der USA, insbesondere in Arizona und New Mexico, waren es vor allem die verschiedenen Stämme der Apachen, in erster Linie der Bedonkohe-Apachen unter Häuptlingen wie Cochise und Geronimo, die der US-Armee einen jahrzehntelangen Guerillakrieg lieferten. Die letzten kämpfenden Apachen um Geronimo und Cochises Sohn Naiche ergaben sich erst am 4. September 1886 dem US-General Nelson Appleton Miles. Mit der Gefangennahme Geronimos endeten die Indianerkriege.

Aufbruch ins »Gelobte Land«

Ein nicht enden wollender Einwanderungsstrom aus der Alten Welt, hohe Geburtenzahlen in den Staaten an der Ostküste, aber sicher auch eine gute Portion Abenteuerlust veranlasste viele Menschen, ihr Glück im »Wilden Westen« zu versuchen. Der erste Treck startete 1841 in Independence in Missouri und kam nach 120 Tagen in Sacramento in Kalifornien an. Auf ihrem Weg ins »Gelobte Land« durchquerten die Pioniere schneebedeckte Pässe, Wüsten und endlose Prärien. Doch die Plackerei lohnte sich. 1862 wurde das Heimstätten-Gesetz verabschiedet, in dem festgelegt wurde, dass volljährige amerikanische Bürger nach fünf Jahren das von ihnen bewohnte und bebaute Land kostenlos überschrieben bekamen.

Goldrausch in Kalifornien

Am 24. Januar 1848 entdeckte James W. Marshall auf dem Bauplatz für ein Sägewerk auf der Ranch Neu-Helvetien des Schweizers Johann August Sutter das erste Goldnugget. Obwohl die Arbeiter zum Stillschweigen verpflichtet wurden, verbreitete sich die Nachricht wie ein Lauffeuer auf der ganzen Welt, und im Laufe der folgenden drei Jahre strömten rund 300 000 Glücksritter nach Kalifornien! Diese Gier nach dem wertvollen Edelmetall brachte in den Städten zum Teil sogar das öffentliche Leben zum Erliegen, da die Forty-niners (»Neunundvierziger«), wie die vom kalifornischen Goldrausch Erfassten genannt wurden, alles stehen und liegen ließen, um ebenfalls ihr Glück zu versuchen. Gefunden wurden täglich durchschnittlich 30 Gramm Gold, was in etwa dem 20-fachen Tageslohn eines Arbeiters von der Ostküste entsprach.

Am späten Nachmittag machen die Wände des »Golden Canyon« ihrem Namen alle Ehre.

Trotzdem wurden nur einige wenige der Goldgräber wirklich reich. Die meisten Digger verspielten ihr mühsam gefördertes Gold oder sie mussten für einfache Güter Wucherpreise zahlen. So kostete 1849 ein Ei einen Dollar, alte Zeitungen konnten für zehn Dollar pro Stück verkauft werden und Geld wurde mit einem Zinssatz von fünf Prozent pro Woche verliehen. Händler und Kaufleute gehörten daher zu den Gewinnern des Goldrausches. Bedingt durch die Menschenmassen

Blaue Stunde an der Big Sur Küste

Dream Lake
im Rocky Mountain
National Park

Eine Fahrt mit der historischen Schmalspureisenbahn von Durango nach Silverton ist ein unvergessliches Erlebnis.

herrschten in den Camps katastrophale hygienische Zustände. Es brachen Krankheiten wie die Cholera aus. Ein anderes großes Problem war das Quecksilber, das zur Reinigung des Goldes verwendet wurde. Schätzungen gehen davon aus, dass dabei über 7000 Tonnen in Flüsse und Seen gelangten und diese vergifteten.

1853 wurde die Goldsuche durch die Einführung eines Hochdruck-Wasserstrahlgerätes revolutioniert, von da an wurde der Goldabbau industriell im großen Maßstab betrieben. Durch seinen Reichtum und wegen seiner stark gewachsenen Bevölkerung wurde Kalifornien am 18. Oktober 1850 als 31. Staat in die Union aufgenommen.

Die erste transkontinentale Eisenbahn

Nachdem Kalifornien Bundesstaat geworden war, sollte es auch mit dem Rest der USA verbunden werden. Um dieses Ziel schneller zu erreichen, wurden die Schienen gleichzeitig von Osten und von Westen aus verlegt. In den Hügeln am Großen Salzsee in Utah trafen die beiden Gleisabschnitte aufeinander und wurden in einem feierlichen Akt am 10. Mai 1869 miteinander verbunden. Der Ort ist heute als Golden Spike National Historic Site ausgewie-

Wapiti Bulle im Fellwechsel

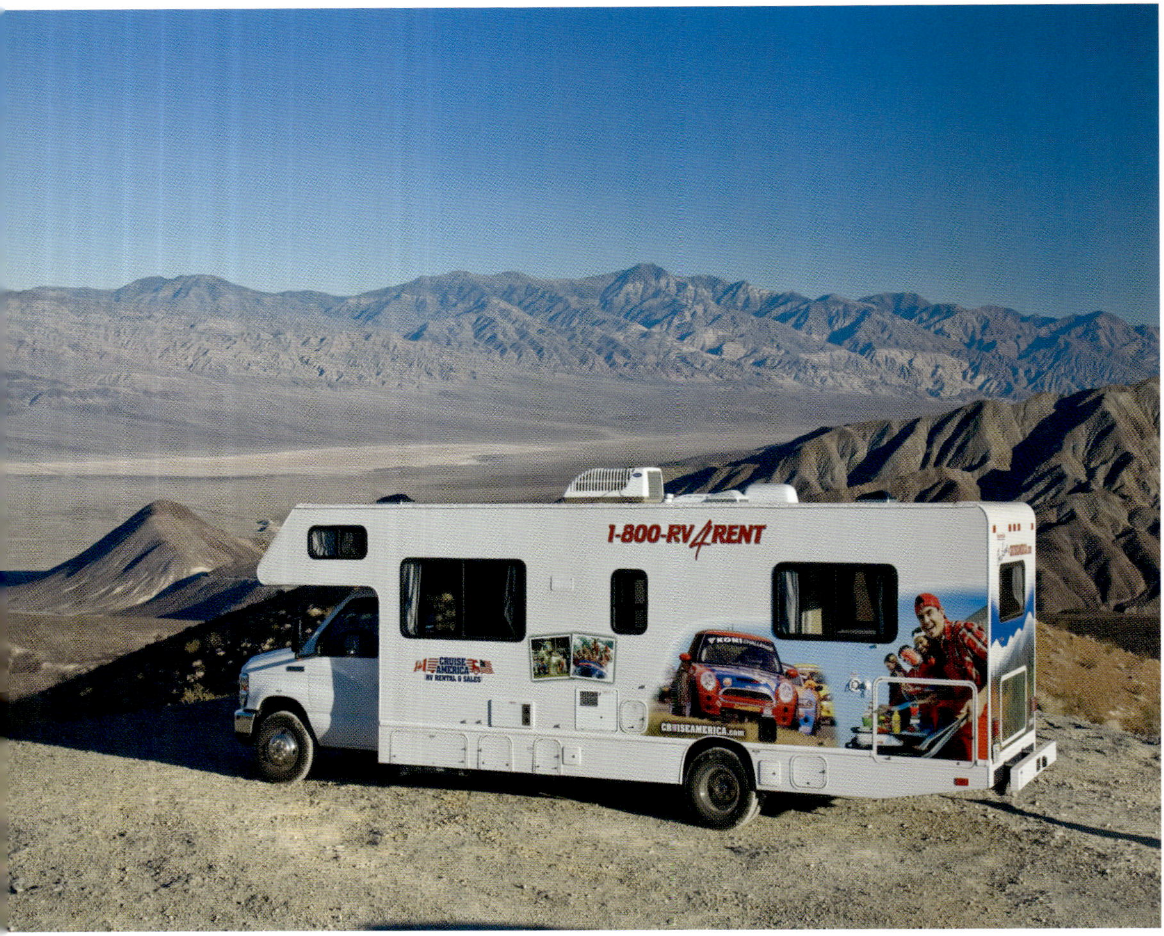

Blick vom »Father Crowley Point« in den Rainbow Canyon

sen. Eine Reise mit der Bahn von New York nach Sacramento dauerte von nun an nur noch rund siebeneinhalb Tage. Weitere transkontinentale Verbindungen entstanden dann Anfang der 1880er-Jahre: 1881 stellten die Santa Fe und die Southern Pacific Railroad eine Verbindung von Kansas nach Los Angeles her. 1883 konnte die Santa Fe Railroad auf eigenen Gleisen Los Angeles erreichen, die Southern Pacific stellte eine Verbindung von Los Angeles bis New Orleans her und die Northern Pacific Railway verband Duluth mit Portland.

Rechte Seite: Der Balanced Rock ist ein 39 Meter hoher Felsturm im Arches National Park.

Durch Erfindungen wie die Druckluftbremse, 1868 von George Westinghouse entwickelt, und die Janney-Kupplung, 1873 von Eli Janney gebaut, wurde der Bahnbetrieb um so viel sicherer, dass diese technischen Neuheiten ab 1893 im »Safety Appliance Act« in den USA als Pflichtausrüstung für Eisenbahnen vorgeschrieben wurden.

Erste Schutzgebiete und Touristen

Die ersten Siedler hatten sicher kein Auge für die grandiosen Landschaften im Westen, kämpften sie doch oft mit Wetterkapriolen, gegen Hunger und Durst, die Angst vor wilden Tieren und nicht zuletzt vor Indianerüberfällen. Damals war der Westen für sie eine unendliche Terra incognita und sogar Präsident Thomas Jefferson glaubte, dass das Land »für unsere Nachkommen bis in die tausendste und zehntausendste Generation« ausreichend Siedlungsraum bieten würde. Viele Amerikaner betrachteten das Land, die Tiere, Wälder, Mineralvorkommen, Bodenschätze und die fruchtbare Erde als unerschöpfliche Quelle des Wohlstandes, die ungehemmt ausgebeutet werden kann. Um mögliche Spätfolgen machte man sich damals noch keine Gedanken.

Erst durch so leidenschaftliche Naturschützer wie John Muir kam es zu einem langsamen Umdenken. Der schottisch-amerikanische Universalgelehrte betätigte sich als Naturwissenschaftler, Entdecker, Schriftsteller, Erfinder, Ingenieur und Geologe. 1892 gründete er zusammen mit einigen Professoren der University of California, Berkeley, und der Stanford University den Sierra Club, eine der ersten Naturschutzorganisationen im modernen Sinne und heute eine der größten und einflussreichsten Umweltorganisationen Nordamerikas.

Das erste Schutzgebiet wurde 1864 definiert, als der Kongress der USA dem Staat Kalifornieren das Yosemite Valley und den Mariposa Big Tree Grove mit der Auflage übereignete, das Tal »für die öffentliche Nutzung, zur Erholung und Entspannung zu erhalten … unveräußerlich für alle Zeit«.

1872 unterschrieb Präsident Ulysses S. Grant ein Gesetz, welches das Yellowstone-Gebiet für immer vor Goldsuchern, Siedlern und Trappern schützen sollte, und gründete damit den ersten Nationalpark der Welt. Primäres Ziel der Gründung war damals aber noch nicht der Naturschutz an sich, sondern die Schaffung eines öffentlichen Parks zum Wohle und Vergnügen der Menschen. Erst in späteren Jahren kamen der Naturschutz und die Bildung als weitere Ziele hinzu und stehen heute im Vordergrund. In den Nationalparks wird eine große Vielfalt an kulturellen, geologischen oder biologischen Ressourcen unter Schutz gestellt. Heute gibt es 58 Nationalparks in den USA (Stand 2009) mit einer Gesamtfläche von 210 000 Quadratkilometern. Dazu kommen noch weitere Schutzgebiete wie National Monuments, National Historical Parks und Sites, National Memorial, National Recreation Areas, Wilderness Areas und State Parks, die sich großer Beliebtheit sowohl bei den US-Amerikanern als auch bei ausländischen Touristen und Besuchern erfreuen.

Blick über die tausend Zinnen und Türmchen des Bryce Canyon National Park

» TOUR 1

1 KLASSISCHE TOUR ZU DEN HIGHLIGHTS DES SÜDWESTENS

Unterwegs im Land der roten Felsen, dem »Wonderland of Rocks«

Ausgangs-/Endpunkt der Tour: Salt Lake City (Utah); auch Las Vegas (Nevada) ist möglich
Strecken: Salt Lake City – Goblin Valley SP (260 mi/418 km) – Capitol Reef NP (70 mi/113 km) – Grand-Staircase-Escalante NM (70 mi/113 km) – Bryce Canyon NP (55 mi/89 km) – Zion NP (95 mi/153 km) – Page (115 mi/185 km) – Grand Canyon NP (135 mi/217 km) – Wupatki und Sunset Crater Volcano NM (230 mi/370 km) – Monument Valley (155 mi/249 km) – Moab (155 mi/249 km); Moab – Arches NP (14 mi/23 km) – Moab (14 mi/23 km) – Canyonlands NP (40 mi/64 km) – Moab (40 mi/64 km) – Salt Lake City (240 mi/386 km) **Streckenlänge:** Salt Lake City – Salt Lake City ca. 1700 mi/2736 km
Beste Jahreszeit: April bis Juni und September bis Oktober **Dauer:** ca. 3 Wochen

Diese Rundreise auf dem Colorado-Plateau zeigt die beeindruckende Gestaltungskraft der Natur. Wir durchfahren Gebirge, Wüsten, Canyons und Wälder. Der Südwesten gehört für mich zu den eindrucksvollsten Naturlandschaften dieser Erde.

Salt Lake City

Hier, in der Hauptstadt von Utah, beginnt unsere Tour. Die Stadt, die östlich des Großen Salzsees liegt und von hohen Bergen umgeben ist, wurde 1847 von 148 Mitgliedern der Kirche Jesu Christi der Heiligen der Letzten Tage (Latter-day Saints, LDS), auch Mormonen genannt, gegründet. Damals war der zweite Kirchenpräsident Brigham Young mit seinen Anhängern auf der Flucht vor Verfolgung und Diskriminierung. Im Salt-Lake-Tal, damals noch mexikanisches Gebiet, hatte er eine Vision, die besagte, hier sei der richtige Ort, um sich niederzulassen.

1893 wurde nach 40-jähriger Bauzeit der Tempel von Wilford Woodruff geweiht. Der Zutritt ist wie bei allen Tempeln dieser Kirche nur erwachsenen Kirchenmitgliedern mit gültigem Empfehlungsschreiben ihres Bischofs gestattet. Für Touristen gibt es jedoch Führungen, bei denen das Äußere des Gebäudes, des Tabernakels sowie das Gelände erläutert werden.

Heute präsentiert sich Salt Lake City als moderne Stadt mit Hochschulen und Universitäten, Hotels, Resorts und Shoppingmalls. Im Jahr 2002 war Salt Lake City Austragungsort der Olympischen Winterspiele.

Auch die schönen Künste sind in Salt Lake City vertreten. Unbedingt einen Besuch abstatten sollten Sie dem Utah Museum of Fine Arts. Die Sammlung des Museums umfasst über 17 000 Werke der afrikanischen, amerikanischen, asiatischen, ozeanischen und europäischen Kunst, der griechisch-römischen Antike, aber auch der modernen und zeitgenössischen sowie der präkolumbischen, indianischen und regionalen Kunst. Besonders herausragend sind eine Allegorie der Erde von Pieter Brueghel dem Jüngeren, Prinzessin Eudocia Ivanovna Galitzine als Flora von Élisabeth Vigée-Lebrun und das »American Portrait of Mrs Benjamin West and Her Son, Raphael« von Benjamin West neben modernen Werken wie »American Wizard« von Helen Frankenthaler oder »American Flags II« von Jasper Johns zu sehen.

Bevor wir zu unserer großen Rundtour aufbrechen, lohnt ein Ausflug zum Großen Salzsee (Great Salt Lake) westlich von Salt Lake City. Wir erreichen ihn über die I-80. Der

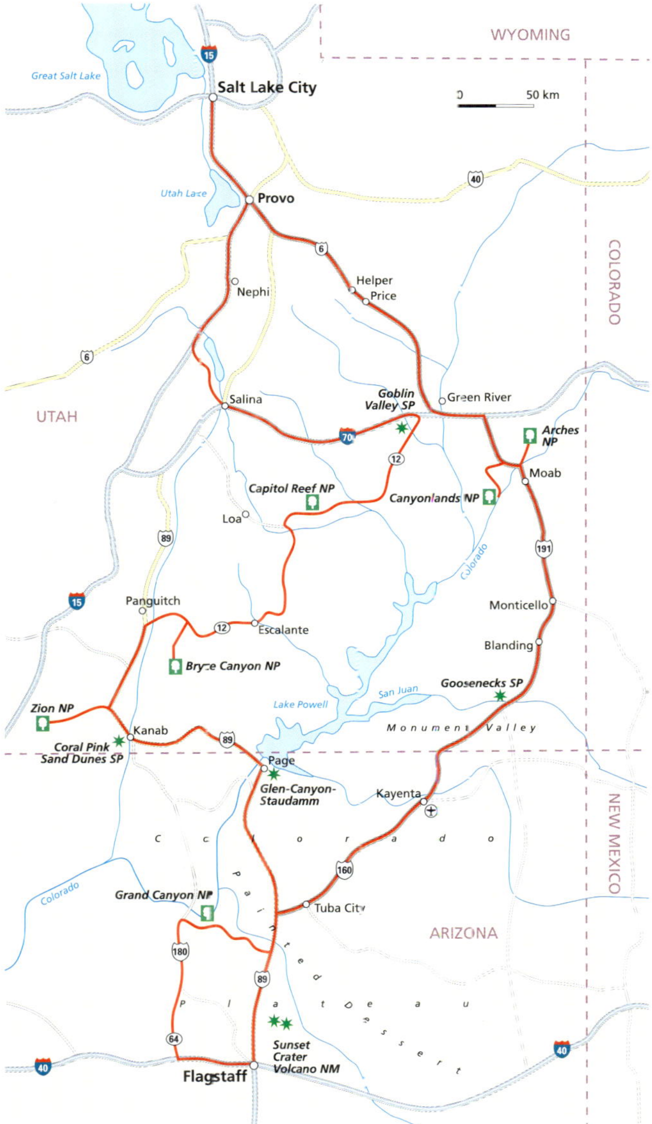

> **» INFORMATION**
>
> **Utah Museum of Fine Art**, Marcia & John Price Museum Building, 410 Campus Center Drive, Salt Lake City, UT 84112-0350, Tel. 801-581-73 32, http://umfa.utah.edu/.

***Linke Seite:** Nachbau einer mormonischen Siedlerhütte in Salt Lake City*

Große Salzsee und der Lake Utah (s. u.) sind Überreste des prähistorischen Bonneville-Sees. Dieser besaß vor rund 16 000 Jahren mit rund 52 000 Quadratkilometern seine größte Ausdehnung und erreichte damit die Größenordnung des heutigen Lake Michigan. Seine maximale Tiefe betrug etwa 300 Meter. Vor ca. 14 000 Jahren brach während der sogenannten Bonneville-Flut das nördliche Seeufer und in einem katastrophalen Flutereignis strömte das Wasser des Sees in das Tal des Snake River, dessen heutige Form dabei ausgewaschen wurde. Der Bonneville-See hatte im Laufe seiner Existenz schwankende Wasserstände und Uferlinien, die sich in Form von Tuffablagerungen und terrassenförmigen Uferstrukturen bis heute an verschiedenen Stellen Utahs zeigen. Ursache dafür waren und sind Klimaveränderungen wie z. B. Schwankungen der Temperatur und damit der Verdunstung sowie der Niederschläge. Die im Seewasser gelösten Mineralien, insbesondere die Salze, fielen bei der Verdunstung aus und konzentrierten sich auf und im nach und nach freigelegten Boden. Auf diese Weise entstand die Große Salzwüste westlich und südwestlich des Großen Salzsees mit einer Fläche von rund 10 360 Quadratkilometern, die für ihre perfekt glatte Oberfläche berühmt ist. Auf den sogenannten Bonneville Flats werden heutzutage Autorennen, Testfahrten und Geschwindigkeitsrekorde ausgetragen und aufgestellt.

Der Great Salt Lake hat eine Länge von 120 Kilometer und ist mit 4400 Quadratkilometern etwa elfmal so groß wie der Utah Lake. Beide Seen sind mit durchschnittlichen 4–4,5 Meter Wassertiefe jedoch eher flach. Drei der vier Zuflüsse münden in den südlichen Teil des Sees und verdünnen hier den Salzgehalt auf etwa 9 %. Dagegen beträgt er am anderen Ende des Sees, in der Gunnison Bay, bis zu 27 %! Die hier existierenden halophilen Bakterien verleihen dem Wasser eine deutliche Rotfärbung. In dieser Lauge leben Salzwassergarnelen und verschiedene Krebse. Fische dagegen haben hier keine Überlebenschance. Hauptbestandteil der gelösten Salze ist Natriumchlorid, also Kochsalz, das in flachen künstlichen Teichen zu Handelszwecken gewonnen wird. Schätzungen zufolge enthält der See etwa fünf Millionen Tonnen Natriumchlorid in gelöster Form!

Auf dem Weg zum Großen Salzsee ist ein Besuch des Saltair Pavillon empfehlenswert. Im Jahre 1893 wurde am Ostufer des Großen Salzsees der erste Pavillon von der Kirche Jesu Christi der Heiligen der Letzten Tage (Mormonen) sowie der Salt Lake und der Los Angeles Railroad Company errichtet. Hier konnten sich junge Paare zum Tanz treffen, ohne dass sie sich Gedanke über Klatsch und Tratsch machen mussten. Saltair war einer der ersten Vergnügungsparks der USA und eine Zeit lang der beliebteste Urlaubsort für Familien westlich von New York. Am 22. April 1925 wurde der Pavillon durch ein Feuer zerstört.

Der Neubau wurde an gleicher Stelle errichtet, doch inzwischen gab es Radio und Kino und die Besucher blieben aus. Mit einer riesigen neuen Tanzfläche – der zur damaligen Zeit weltgrößten – versuchte man gegenzusteuern. Zudem spielte hier u. a. Glen Miller mit seiner Band auf. 1931 verwüstete wieder ein verheerender Brand einen Großteil der Anlage. 1981 wurde Saltair III errichtet, unter Verwendung von Teilen einer geretteten Air-Force-Flugzeughalle. Heute finden hier immer wieder kleinere Konzerte statt, doch im Großen und Ganzen sind die glanzvollen Tage nur mehr Erinnerung.

Wenn Sie Salt Lake City auf der I-15 nach Norden verlassen und bei Layton auf den Highway 108 Richtung Syracuse abbiegen, können Sie Antelope Island einen Besuch abstatten. Die größte Insel im Großen Salzsee mit dem Antelope Island State Park ist über einen befahrbaren Damm mit dem Festland in Richtung Syracuse verbunden. Die Fläche der Insel beträgt 115 Quadratkilometer, der

» INFORMATION

Antelope Island State Park, 4528 West 1700 South, Syracuse, UT 84075, Tel. 801-773-29 41, http://stateparks.utah.gov/parks/antelope-island

Tempel der Mormonen (Latter-day Saints) in Salt Lake City

Linke Seite: Malvenblüte vor dem Kirchenverwaltungsgebäude am Temple Square

Im Tabernakel finden bis zu 5000 Personen Platz. Das 1867 fertiggestellte Bauwerk ist so konstruiert, dass ein Redner von jedem der Anwesenden ohne Verstärker und Lautsprecher gehört werden kann. Hier probt der weltberühmte Tabernakel Chor.

Die alte Kiefer trotzt allen Wetterkapriolen.

höchste Punkt liegt mit 2011 Meter am Frary Peak und die Küstenlinie etwa bei 1280 Meter, wobei über die Jahre Schwankungen des Wasserpegels im See um mehrere Meter vorkommen. Archäologische Funde auf der Insel deuten darauf hin, dass die Insel schon vor etwa 6000 Jahren von Menschen besucht wurde. Die ersten weißen Forscher tauchten erst 1845 auf der Insel auf und schossen zwei Antilopen zum Verzehr. Im Angedenken an diese Mahlzeit gaben sie der Insel ihren heutigen Namen. 1930 waren die Antilopen von der Insel komplett verschwunden. Erst 1993 wurden wieder 24 Pronghorn-Antilopen angesiedelt, die sich innerhalb von zwei Jahren nahezu verdoppelt haben. Später wurden auch Bisons und kalifornische Dickhornschafe auf die Insel gebracht, die sich hier ebenso wohlfühlen und vermehren.

Rechte Seite unten: Versteinerte Kobolde und Gnome soweit das Auge reicht

Für die Besucher des State Parks gibt es ein Visitor Center mit naturgeschichtlicher Ausstellung und zwei Campingplätze. An den Stränden der Bridger Bay befinden sich Picknickplätze und Duschgelegenheiten für Badegäste. Safaritouren im historischen DUKW, einem Amphibienfahrzeug für Truppentransporte aus dem Zweiten Weltkrieg, werden ebenso angeboten wie Rundfahrten im Pferdewagen oder Ausritte. Im Restaurant am Buffalo Point kann man verschiedene Bison-Gerichte probieren.

Von Salt Lake City zum Goblin Valley State Park

Wir verlassen den Ballungsraum um Salt Lake City, nachdem wir in einem der Einkaufzentren Lebensmittel eingekauft haben, in Richtung Süden und fahren auf der gut ausgebauten Interstate I-15 bis Scipio. Unterwegs lohnt ein Abstecher zum Utah Lake State Park.

Der Lake Utah ist der größte Süßwassersee des US-Bundesstaates Utah. Er liegt im nord-

» INFORMATION

Utah Lake State Park, 4400 West Center Street, Provo, UT 84601-9715, Tel. 801-375-07 31, E-Mail: parkcomment@utah.gov

» INFORMATION

Goblin Valley State Park, P.O. Box 637, Green River, UT 84525-0637, Tel. 435-275-45 84, www.stateparks.utah.gov
Der Campingplatz im Goblin Valley SP ist besonders schön und hat Duschen. Reservierungen unter Tel. 800-322-37 70

östlichen Teil des Großen Beckens. Auf unserem Weg nach Süden fahren wir an seinem 39 Kilometer langen Ufer entlang. Der See ist beliebtes Ausflugsziel für Angler sowie Wassersportler aller Art, außerdem gibt es hier einen großen Campingplatz. Die sumpfigen Gebiete am Südzipfel des Sees sowie die Gegend an der Mündung des Provo dienen im Frühjahr und in den späten Herbstmonaten vielen Zugvögeln, wie Pelikanen, Gänsen und Reihern, als Rastplatz. Über den Fluss Jordan entwässert der Lake Utah in den Großen Salzsee.

Von Scipio aus geht es auf dem Highway 50 bis Salina und weiter auf der Interstate I-70 in Richtung Osten. Bei der Ausfahrt 149 verlassen wir die Interstate und fahren auf dem Highway 24 nach Süden. Ab der Abzweigung Temple Mountain Junction sind es noch zwölf Meilen (19 km) bis zum Eingang des Goblin Valley State Park.

Das Tal entdeckte Ende der 1920er-Jahre Arthur Chaffin mit zwei Begleitern auf der Suche nach einer alternativen Verbindungsstrecke zwischen Green River und Caineville. Chaffin war so beeindruckt, dass er 1949 für mehrere Tage in das von ihm »Pilztal« genannte Gebiet zurückkehrte und die Formationen untersuchte und fotografierte. Die Felsformationen entstanden und entstehen im Lauf von Millionen Jahren durch Wind, Wasser und Erosion. Die Sandsteinfiguren erinnern an versteinerte Kobolde – daher der Name Goblin Valley – Koboldtal. 1964 wurde es ein State Park mit Besucherzentrum und Campingplatz.

Manche Formationen lassen vermuten, die Außerirdischen seien schon längst da!

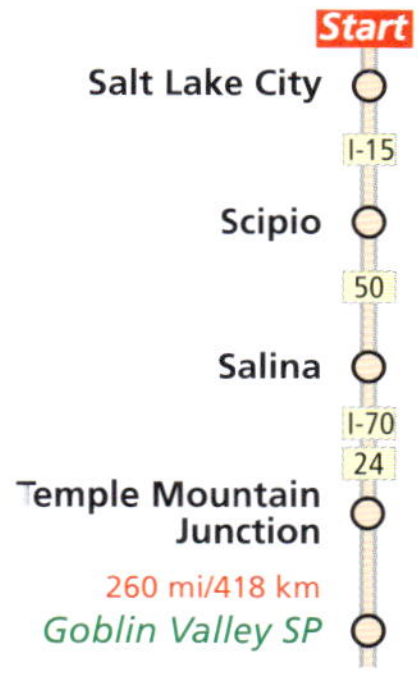

Obstgärten in der ehemaligen Mormonensiedlung Fruita/Zion National Park

Zum Capitol Reef National Park

Zurück auf dem Highway 24 geht es weiter in südlicher Richtung nach Hanksville. Ein kleiner Ort mit wenig Infrastruktur, aber – und das ist in dieser Einsamkeit besonders wichtig – mit Tankstellen.

Nachdem der Tank wieder voll ist, fahren wir auf dem Highway 24 weiter entlang des Fremont River zum Capitol Reef National Park.

Auf über 150 Kilometer Breite erheben sich hier aus dem Wüstenboden – wie Riesenwellen – parallel stehende Felskämme. Geologisch ist die Waterpocket Fold eine der

Unterweg im Grand Staircase-Escalante National Park

Obwohl Amerikaner meist nur kurze Zeit unterwegs sind, haben sie doch den halben Hausstand dabei.

größten und markantesten monoklinen Falten in Nordamerika.

Mormonische Siedler gründeten hier 1880 den Ort Fruita, der auch eine kleine Schule hatte. Hinter dem Besucherzentrum, bei den auch heute noch liebevoll gepflegten Obstgärten, lädt eine wunderschöne Picknick Area zum Rasten ein.

Zum Grand Staircase-Escalante National Monument

Unsere Fahrt geht weiter bis zur Abzweigung in Torrey, von dort geht es auf dem Highway 12 nach Süden. Hinter Boulder beginnt der Aufstieg der großen Treppe Grand Staircase, geologisch ausgedrückt eine Schichtstufenlandschaft. Direkt am Calf Creek liegt ein wunderschöner Campingplatz, auf dem wir zwei Nächte verbringen.

Am nächsten Morgen bietet sich eine leichte Wanderung an, die hinter dem Campingplatz beginnt und zum Wasserfall des Calf Creek führt. Der Weg verläuft ohne größere Steigungen über drei Meilen (5 km; einfache Strecke), meistens im Schatten von Cotton Trees, immer am Bach entlang, bis zum

Wasserfall des Calf Creek

24
Hanksville
70 mi/113 km
Capitol Reef NP
24
Torrey
12
Boulder
Calf Creek
Grand Staircase
70 mi/113 km
Escalante NM
Escalante
55 mi/89 km

Der Metate Arch im Devil´s Garden

Talschluss. Vergessen Sie nicht, Badesachen mitzunehmen, der grüne Pool bietet eine herrliche Erfrischung nach dem Marsch.

Am frühen Nachmittag fahren wir ein kleines Stück (ca. 12 mi/19 km) die Hole in the Rock Road bis zum Devil's Garden. Im warmen Abendlicht leuchten die vielen überdimensionalen Sandsteinfiguren, die »Teufel« erwachen regelrecht zum Leben.

Bitte erkundigen Sie sich vorher im Büro des Campingplatzes, in welchem Zustand die Straße ist. Diese »Dirt Road« ist im oberen Bereich relativ breit und eben. Bei trockenen Verhältnissen ist sie in der Regel bis zum Devil's Garden mit normalen Pkws und Wohnmobilen (Low Clearance) befahrbar. Aber bitte bedenken Sie dabei, dass Sie auf nicht asphaltierten Straßen keinen Versicherungsschutz genießen.

Wieder auf dem Highway 12 erreichen wir das Grand Staircase-Escalante National Monument (GSENM). Dieses Naturschutzgebiet wurde im September 1996 durch Präsident Bill Clinton ausgerufen, es ist mit 7689 Quadratkilometern das derzeit größte seiner Art im Kernland der USA.

Das GSENM ist eine faszinierende, aber unberechenbare Landschaft und eine einzigartige Mischung archäologischer, historischer, paläontologischer, geologischer und biologischer Ressourcen und Sehenswürdigkeiten. Unter anderem bietet es eine große Vielfalt an beeindruckenden Naturwundern zwischen Wüste und Hochebene. Die felsige Landschaft aus vielfarbigen Bergen, Abhängen, Ebenen und Tälern, durchzogen von Flussbetten, die die

Regenwasser hat in einer Senke des Slickrocks einen kleinen Pool gebildet.

» INFORMATION

Grand Staircase-Escalante National Monument, Kanab Headquarters, 190 East Center, Kanab, UT 84741, Tel. 435-644-43 00, Fax 435-644-43 50, E-Mail: escalante_interagency@blm.gov, www.blm.gov/ut/st/en.html
Auskunft, Tipps und Karten zum Grand Staircase-Escalante NM erhalten Sie in den Visitor Centers in Escalante, Cannonville, Big Water und Kanab sowie in den Büros des BLM (Bureau of Land Management; Landverwaltungsamt).

meiste Zeit des Jahres ausgetrocknet sind und sich nach Regenfällen plötzlich in reißende Ströme verwandeln und dabei im Laufe der Jahrmillionen zahlreiche Canyons und Slotcanyons in die Landschaft gefräst haben, sind unbedingt einen Besuch wert.

Aus geologischer Sicht besteht das Monument im Wesentlichen aus drei Teilen: Von Westen kommend trifft man zuerst auf das Gebiet der »Grand Staircase«, welche die nach Norden aufsteigende »Große Treppe« bildet. Diese baut sich aus verschiedenen Erdschichten wie dem rosa- und cremefarbenen Navajo-Sandstein, den Chocolate, Vermillion, White, Gray und Pink Cliffs auf. Dabei umfasst sie fünf verschiedene Lebensräume: von der trockenen lebensfeindlichen Sonora-Wüste bis zu saftig grünem Nadelwald. Die »Große Treppe« wird vom Paria River durchschnitten, der zusammen mit seinen Zuflüssen die Landschaft vielfach gliedert und dabei eine Vielzahl geologischer Schönheiten ausbildet. Weiter nach Osten schließt sich das Kaiparowits-Plateau an, das trockenste, unwirtlichste und höchstgelegene Gebiet dieser Region. Die isolierte, raue Hochebene ist Lebensraum für Wildtiere, seltene Pflanzen und wenige Abenteuer suchende Naturbegeisterte, die sich auf dieses kompromisslose und einsame Land einlassen. Der Begriff Kaiparowits, der zunächst nur einen Punkt am Nordende des Plateaus bezeichnete und erst später dem ganzen Gebiet seinen Namen gab, stammt ursprünglich aus der Sprache der Pajute-Indianer und bedeutet »der kleine Bruder des großen Bergs«. Auf dem Plateau wurden bereits viele prähistorische Funde gemacht. Die Grenzlinie zwischen Grand Staircase und dem Kaiparowits-Plateau bildet ein Teil der markanten Formation des Cockscomb (Hahnenkamm), eine beeindruckende Gebirgsfaltung, die sich in Nord-Süd-Richtung durch Utah zieht.

Im Abendlicht leuchten die »Teufel«

Das National Monument ist nur über den Highway 12 im Norden und den Highway 89 im Süden mit asphaltierten Straßen erschlossen. Alle anderen Straßen, bei denen Naturliebhaber feuchte Augen bekommen, sind Schotterstraßen. Deren Zustand ist extrem wetterabhängig und nach Regenfällen auch für Allradfahrzeuge für längere Zeit oft unbefahrbar.

Zum Bryce Canyon National Park

In dem netten kleinen Städtchen Escalante hat man die Möglichkeit, seine Vorräte aufzufüllen, in den Outfitter-Geschäften zu stöbern oder auch einen Kaffee in einem der Restaurants zu trinken, bevor es Richtung Westen auf dem Highway 12 weitergeht.

Nächstes Ziel ist der Bryce Canyon National Park, ein natürliches Amphitheater mit orangen, roten und gelben Zinnen an einer Abbruchkante des Paunsaugunt-Hochplateaus.

Bitte fahren Sie so früh wie möglich einen der beiden Campingplatz an, um einen freien Platz zu belegen. Außerhalb des Nationalparks gibt es weitere Campingplätze mit größerem Komfort, wie z. B. Duschen und Stromanschluss.

Anschließend geht es auf den 18 mi/29 Kilometer langen Scenic Drive, der 13 fantastische Aussichtspunkte anfährt. Von den meisten starten unterschiedlich lange Wanderwege in verschiedenen Schwierigkeitsgraden. Außerdem lässt sich das Gebiet zwischen den Türmen auf geführten Touren auch zu Pferd entdecken.

Trotz seines Namens ist der Bryce Canyon kein Canyon im eigentlichen Sinne, sondern ein natürliches Amphitheater, das durch Erosion und nicht durch einen Fluss entstand. Er unterscheidet sich von anderen Canyons durch seine einzigartigen geologischen Struk-

> **» INFORMATION**
>
> Mittlerweile gilt, vor allem in den Sommermonaten, für alle Nationalpark-Campingplätze bei der Platzvergabe die Regel: »First come, first serve« – Wer zuerst da ist, bekommt den Platz. Daher empfiehlt es sich, nicht zu spät anzukommen. In manchen Nationalparks kann man allerdings inzwischen auch Plätze über das Internet bzw. per E-Mail reservieren. Hilfreich ist dabei die offizielle Internetadresse der amerikanischen Nationalparks: www.nps.gov/

Kleines Café in Escalante

Die Zinnen des Bryce Canyons strahlen in Gelb-, Orange-, Rot-, Braun- und Grautönen.

Unten:
Selbst als toter Baum ist diese Juniper noch immer imposant.

turen, den sogenannten Hoodoos, bis zu 60 Meter hohen Felsnadeln, die durch Wind, Wasser und Eis aus den Sedimenten geformt werden. Die Paiute-Indianer nennen diese Hoodoos Anka-ku-wass-a-wits – rot angemalte Gesichter. Und bei etlichen Formationen kann man wirklich Gesichter erkennen.

Der Park liegt in einer Höhe von 2400 bis 2700 Meter, sodass es auch im Sommer in den Nächten empfindlich kalt werden kann. Seinen Namen verdankt der Canyon einem Pionier der Kirche Jesu Christi der Heiligen der Letzten Tage: Ebenezer Bryce. Er sollte die Gegend für andere Glaubensbrüder und -schwestern erschließen und urbar machen. Der gelernte Schiffbauer aus Schottland ließ sich um 1875 mit seiner Frau hier nieder. Er baute eine Straße zum Plateau hinauf sowie einen Kanal, um die ständigen Überflutungen zu beherrschen. Schon bald nannten sei-

» SEHENSWERT

Ein besonderes Highlight im Bryce Canyon NP, das Sie auf keinen Fall verschlafen sollten, ist der Sonnenaufgang am **Sunrise Point**. Sobald die ersten Sonnenstrahlen die Felsen berühren, erglühen die Sandsteintürme in einem orange-roten intensiven Farbspiel, dass man meinen könnte, sie brennen.

Weeping Wall – Aus den Felsen rieselt ein feiner Wasservorhang.

ne Nachbarn den Canyon nahe seiner Hütte Bryce's Canyon. Er selbst konnte diesem Landschaftsjuwel allerdings nicht viel abgewinnen, er pflegte es »a hell of a place to lose a cow« zu nennen.

Zum Zion National Park

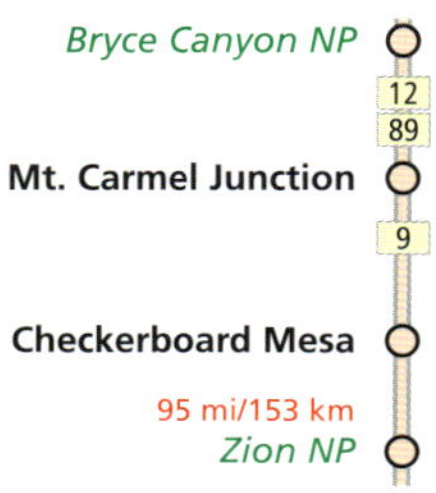

Unser heutiges Ziel, der Zion National Park, ist nur etwa 95 Meilen (153 km) vom Bryce Canyon NP entfernt, und doch kommen wir in eine völlig andere Landschaft. Wir fahren auf dem Highway 12 weiter, durch den Dixi National Forest, bis dieser endet. Auf dem Highway 89 geht es weiter in südlicher Richtung bis Mount

» GEOLOGIE

An den Gesteinsschichten im Bryce Canyon können Geologen nahezu 150 Millionen Jahre Erdgeschichte ablesen – von der Kreidezeit bis ins Känozoikum. Die Sedimentschichten des jetzigen Nationalparks reichen vom Dakota-Sandstein und Tropischen Schieferton (Tropic Shale), die einst ein warmes Flachmeer ablagerte, bis zur farbenprächtigen Claron-Formation, die von kalten Flüssen und Seen abgelagert wurde und im Halbrund des Amphitheaters vorherrscht.
»Erst« vor etwa 70 Mio. Jahren entstanden die Rocky Mountains durch eine Hebung. Das Colorado-Plateau bildete sich vor 10 bis 15 Mio. Jahren durch eine erneute Hebung, die vertikale Brüche erzeugte, die später zu freistehenden Zinnen, Badlands und Monolithen erodierten. Diese speziellen Formationen des Bryce Canyon NP gehören geologisch zu The Grand Staircase (Große Treppe).

Carmel Junction. Hier biegen wir auf den Highway 9 ab, der durch den Park führt.

Wir erreichen Zion National Park über den Osteingang. Schon nach kurzer Zeit auf der Panoramastraße sieht man die markante Checkerboard Mesa. Hier hat der helle Sandstein ein regelrechtes Schachbrettmuster ausgebildet. Nach ein paar Kilometern erreicht man den 1,1 Meilen (2 km) langen Mt.-Carmel-Tunnel. Ranger überwachen auf beiden Seiten den Verkehr und sperren bei größeren Fahrzeugen den Gegenverkehr, damit diese die volle Höhe in der Mitte des Tunnels ausnutzen können.

Hinter dem Tunnel erwartet uns ein atemberaubender Blick über die nun völlig veränderte Landschaft und die Serpentinen, die uns ins Tal bringen.

Seit 2000 darf man die Straße in den Canyon hinein nicht mehr mit privaten Fahrzeugen befahren, es steht jedoch ein ausgezeichneter, kostenloser Shuttleservice zur Verfügung.

Im Visitor Center am Westeingang in Springdale befindet sich ein IMAX-Kino. Dort wird ein Film über die Geschichte des Canyons, seiner Ureinwohner, Entdecker sowie umliegende Naturschönheiten gezeigt. Hier

hat auch der berühmte Naturfotograf Michael Fatali seine Galerie.

Tiefe und enge Canyons aus gelbem Sandstein, üppige Flussufer, markante Felstürme, hohe Tafelberge und grüne Wälder – all dies zeichnet den ältesten und meistbesuchten Nationalpark Utahs aus.

» WISSENSWERT

Zion ist ein altes hebräisches Wort. Es bedeutet so viel wie Zufluchtsort oder Heiligtum und wurde oft von den mormonischen Siedlern in Utah benutzt. Innerhalb des Parks befindet sich eine schluchtenreiche Landschaft mit zahlreichen Canyons, von denen der Zion Canyon und der Kolob Canyon die bekanntesten sind. Sie entstanden aus 170 Millionen Jahre altem braunen bis orangeroten Sandstein der Navajo-Formation. Der Park liegt an der Grenze zwischen dem Colorado-Plateau, dem Great Basin und der Mojave-Wüste. Durch seine besondere geografische Lage beherbergt er eine Vielzahl an unterschiedlichen Lebensräumen mit vielen verschiedenen Pflanzen und Tieren.

Die John-Wesley-Powell-Expedition untersuchte den Canyon in den Jahren 1869 bis 1872, nachdem sie bereits den Grand Canyon erforscht hatte. Zeichnungen und Fotografien bewogen den damaligen Präsidenten William Howard Taft 1909 dazu, das Gebiet als National Monument zu deklarieren. Seit diesem Zeitpunkt ist jegliche landwirtschaftliche Nutzung in dem Gebiet untersagt. 1919 wurde der Canyon zum Nationalpark erklärt. Dabei wurde er wesentlich vergrößert, wie auch

Die Gipfel von li nach re: Abraham Peak 2101 m, Isaac Peak 2081 m, Mount Moroni 1735 m, Jacob Peak 2083 m/ Zion National Park

In kleinen Läden werden sogenannte »Rock Gems«, bunte Glasbrocken zur Gartenverschönerung, verkauft.

Aussicht auf die fantastisch gefärbten Berge über dem Old Paria Movie Set

noch einmal im Jahr 1956, als der Kolob Canyon dem Gebiet zugeordnet wurde.

Im Jahr 2009 feierte der Nationalpark unter dem Motto »A Century of Sanctuary« sein 100-jähriges Bestehen.

Nach Page

Für unsere Fahrt nach Page klettern wir die Serpentinen, die wir hinuntergekommen sind, wieder hinauf und fahren noch einmal durch den dunklen Tunnel. An der Mt. Carmel Junction geht es nun weiter Richtung Süden nach Kanab. Dort bleiben wir zwar auf dem Highway 89, jedoch nun in Richtung Osten nach Page. Nach etwa 35 Meilen (56 km) ist auf der linken Seite auf einem Parkplatz eine Informationstafel zu sehen. Direkt hinter diesem Schild führt eine Dirt Road zum Old Paria Movie Set. Hier wurden in den 1960er-Jahren verschiedene Filme gedreht. Leider sind die letzten verbliebenen Kulissen 2006, vermutlich durch Brandstiftung, abgebrannt. Sie waren jedoch bereits Nachbauten, die Originalkulissen fielen 1999 einer Flashflood (Sturzflut) zum Opfer. Doch so weit möchte ich Sie auch gar nicht schicken, denn das alte Movie Set liegt in einem Tal und ist nur über eine äußerst steile Schotterstraße und damit für Wohnmobile schlecht zu erreichen. Die Aussicht, die Sie jedoch von diesem Parkplatz aus auf die bunten Sandsteinberge haben, sollten Sie sich nicht entgehen lassen. Am Nachmittag leuchten die Felsen im weichen Licht in den verschiedensten Rot-, Blau- und Grautönen bis hin zu Weiß.

Zurück auf dem Highway 89 passieren wir nach kurzer Zeit auf der rechten Seite die Paria Contact Station. Hier findet jeden Morgen die Auslosung der Wave Permits statt, die im Extra »The Wave« auf Seite 88 beschrieben ist.

Nur 1,5 Meilen (2,5 km) nach der Rangerstation, beim Meilenmarker 19, befindet sich auf der linken Seite ein kleiner Parkplatz mit einem Trailregister. Hinter dem Zaun beginnt ein Trampelpfad, der einem Wash (ein meist trockener Bachlauf) folgt, der uns in etwa 20 Minuten Fußmarsch zu den Toadstool Hoodoos führt. Dabei handelt es sich um ausgewaschene Felssäulen, die einen Hut aus einem härteren Gestein tragen. Dieser Hut ist ein tonnenschwerer Fels in einer anderen Farbe, der die rotbraune Säule vor Erosion schützt. Sobald der Hoodoo seinen schützenden Stein verliert, nagen Wind und vor allem Regen an seiner Substanz und das weiche Gestein zerfällt. Der schönste frei stehende Hoodoo, dessen Gestalt entfernt an den Außerirdischen E. T. erinnert, ist gleich als Erstes zu sehen. Weitere, diesmal weiße Toadstools (engl. Giftpilze) finden Sie, wenn Sie nach links weiterlaufen. Im

Linke Seite: Als Toadstool Hoodoos werden weiche Felssäulen bezeichnet, die einen harten Stein tragen, der sie vor Erosion schützt.

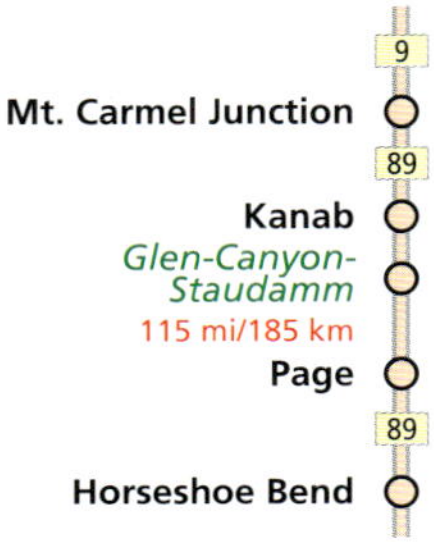

Die Staumauer des Glen-Canyon-Staudamms ist 216 m hoch.

schönsten Licht erstrahlen die Säulen am späten Nachmittag, so bietet sich dieser Ausflug für die zweite Hälfte des Tages an.

Wieder auf dem Highway 89 in Richtung Page lohnt ein Stopp im neuen Visitor Center des Grand Staircase-Escalante National Monument (GSENM) in Big Water.

Bevor Sie die Stadt erreichen, überqueren Sie den Glen-Canyon-Staudamm. Diese 216 Meter hohe Bogengewichtsmauer staut den Colorado zum Lake Powell, dem zweitgrößten Stausee in den USA. Im Carl T. Hayden Visitor Center hat man durch die riesigen Panoramafenster einen einmaligen Blick über den Stausee, die Mauer, die Brücke und den weiteren Verlauf des Colorado River. Eine Ausstellung dokumentiert anhand von Bildern, Texten und Videofilmen den Bau des Glen Canyon Dam und der Glen Canyon Bridge. Außerdem kann mit einer geführten Tour das Innenleben des Dammes erkundet werden.

Blick auf die Wahweap Marina vor Page

» INFORMATION

Kurz vor Page überfahren wir die Staatengrenze von Utah nach Arizona. Bitte beachten Sie, dass in Arizona nicht die Sommerzeit (Mountain Daylight Time) gilt, somit müssen Sie die Uhren um eine Stunde zurückstellen.

Als im Jahre 1956 die Bauarbeiten für den Staudamm begannen, mussten auch Unterkünfte für die Bauarbeiter gebaut werden. Zu diesem Zweck erwarb man von den hier ansässigen Navajos ein ca. 24 Quadratmeilen großes Stück Land, was etwa einer Fläche von 62 Quadratkilometern entspricht, und errichtete die Stadt Page. Heute ist der Tourismus in und um Page eine wichtige Einnahmequelle.

In der Glen Canyon National Recreation Area gibt es vier Campingplätze und fünf Marinas.

» FOTOGRAFIEREN

Um im Antilope Canyon tolle Bilder zu schießen, sollten Sie unbedingt ein Stativ benutzen. Um diese traumhaften Farben des Sandsteins und das Wechselspiel des Lichtes einzufangen, sollten Sie die Automatik der Kamera ausschalten und das Blendenprogramm AV (Aperture Value – Zeitautomatik) einstellen. Das bedeutet, dass Sie die Blende wählen, 11 oder 16, und die Kamera nimmt sich die benötigte Zeit (meist mehrere Sekunden, je nach ISO-Zahl) selbst. So ist kein Blitz notwendig.

Mit einem Ausflugsboot von Wahweap aus können Sie auf einer Tages- oder Halbtagestour die Rainbow Bridge (Regenbogenbrücke), die größte natürliche Brückenbogen der Welt und ein Heiligtum der Navajos, besichtigen.

Eine andere Sehenswürdigkeit, die Sie auf keinen Fall auslassen sollten, sind die Antelope Canyons, erreichbar über den Highway 98. Die Canyons liegen in der Navajo Nation Reservation und werden von den Diné (so bezeichnen sich die Navajo selbst) betreut.

Im Laufe von Millionen Jahren hat hier der Antelope Creek in den Navajo-Sandstein Spalten und Risse gewaschen. Meistens ist der Bach trocken. Doch nach starken Regenfällen ergießen sich gewaltige Sturzfluten (Flashfloods) in seinen Lauf. Diese kraftvollen Wassermassen und der Wind sind mit für die Entstehung dieses Slot (= Schlitz)-Canyons verantwortlich. Diese Flashfloods, die außerhalb des Canyons meist harmlos sind, da das Wasser im Gelände genug Platz hat, sind im Inneren der Schlucht lebensgefährlich. Daher sind die Canyons gesperrt, wenn es in der weiteren Umgebung geregnet hat.

Der Upper Antelope Canyon ist ebenerdig und ohne Schwierigkeiten begehbar. Man taucht ein in eine unglaubliche Welt von Formen und fantastischen Farben, die sich je nach Sonneneinstrahlungswinkel verändern – ein Traum für jeden Naturliebhaber und Fotografen. Der Lower Antelope Canyon ist nicht so leicht zu begehen und nichts für Leute mit Platzangst, denn man muss durch eine schmale Spalte auf einer Eisentreppe in die Tiefe steigen.

Je nach Sonnenstand ändert sich das Farb- und Lichtspiel im Antelope Canyon.

Zum Grand Canyon National Park

Auf dem Highway 89 fahren wir nach Süden. Doch bevor wir die Gegend von Page ganz verlassen, legen wir nach etwa drei Meilen (5 km) eine Pause am Horseshoe Bend Overlook ein. Nach einem kurzen Fußweg steht man vor einer gewaltigen Schleife des Colorado, der tief unten grün schillert. Ein beeindruckender Ausblick.

Wir fahren auf dem Highway 89 bis nach Cameron, wo wir nach Westen auf den Highway 64 abbiegen.

Beim Aussichtspunkt Desert View sehen wir das erste Mal in die große Schlucht des Grand Canyon hinein. Sie ist 1800 Meter tief, hat eine Breite von bis zu 30 Kilometern und erstreckt sich über rund 450 Kilometer Länge durch das bewaldete Kaibab-Plateau. Selbst wenn man durch Filme, Fotos und Beschreibungen darauf vorbereitet zu sein glaubt, sind die meisten Menschen doch völlig überwältigt

Wie ein Hufeisen windet sich der Colorado am Horseshoe Bend durch die Felsen.

Über den Marble Canyon spannen sich zwei riesige Stahlbrücken. Die alte Navajo Bridge ist 142 m hoch und hat eine Länge von 254 m. Sie darf nur noch von Fußgängern betreten werden.

von dem Ausblick. Auf einmal fühlt man sich ganz klein, still und bescheiden. Im Desert View Watchtower, der 1932 von Mary Co ter entworfen und von der Santa Fe Railroad gebaut wurde, befinden sich ein Informationscenter und eine kleine Buchhandlung.

Über eine 26 Meilen (41 km) lange Panoramastraße geht es vorbei an verschiedenen sehenswerten Aussichtspunkten bis ins Grand Village. Es handelt sich tatsächlich um eine kleine Stadt. Hier konzentrieren sich alle wesentlichen touristischen Einrichtungen, die der Besucher braucht. Angefangen von Unterkünften in allen Komfort- und Preisklassen, einschließlich eines riesigen Campingplatzes, Geschäften, Restaurants, Andenkenläden, Duschen, Internetzugang (WIFI), einer Klinik und der Parkverwaltung. Hier erhalten Wanderer auch ihre Permits (Genehmigungen).

» INFORMATION

Sollten Sie auf den Campingplätzen Desert View oder Grand Village im Park keinen Platz mehr finden, so sind weitere Plätze in Tusayan und Williams vorhanden.

Der Grand Canyon zählt zu den großen Naturwundern auf dieser Welt und wird jedes Jahr von rund fünf Millionen Menschen besucht. Der Name des Canyons stammt vom Colorado River, der früher in Teilen Grand River genannt wurde. Es gibt keine Brücken über den Canyon. Eine Straßenverbindung zwischen Nord- und Südufer des Colorado gibt es nur östlich des Nationalparks bei Lees Ferry und Page oder rund 400 Kilometer weiter im Westen in Nevada über den Hoover Dam.

» INFORMATION

Vom Grand Canyon Village aus verkehren drei kostenlose Shuttlebus-Linien. Diese wurden eingerichtet, um das Verkehrsaufkommen durch die großen Besuchermassen einzudämmen. Die Shuttlebusse verkehren sowohl zum Aussichtspunkt Hermits Rest, einer Straße, die für den restlichen Verkehr gesperrt ist, als auch entlang des Desert View Drive bis zum Yaki Point.

Als erster Europäer sah im September 1540 García López de Cárdena die gewaltige Schlucht, als er auf der Suche nach den sagenumwobenen Sieben Städten von Cibola war. Als er mit seiner Gruppe spanischer Soldaten und Führern der Hopi-Indianer am Südrand des Canyons ankam, befand er ihn als unüberwindbar und damit als wertlos. Bis die nächsten Weißen kamen, dauerte es 200 Jahre. Am 24. Mai 1869 brach John Wesley Powell mit neun Mann und vier Holzbooten in Green River, Wyoming, auf und erreichte am 30. August, nach 1500 Kilometern und zahlreichen gefährlichen Stromschnellen, Strudeln und Verblockungen, den Virgin River und damit den Endpunkt des Grand Canyon. Dennoch war das Gebiet schon lange vorher besiedelt. Es wurden Speerspitzen aus Stein von Jägern und Sammlern der sogenannten Desert Cultur gefunden, die 3000 Jahre alt sind.

Seit dem Bau des Glen-Canyon-Staudammes ist der Colorado wesentlich ruhiger geworden, zudem hat sich seine Farbe verändert. Meist ist er jetzt tief grün. Der reißende unverbaute Fluss war braun, durch Tonnen von mitgerissenen Sedimenten, Schlamm und Steinen, die sich heute im Lake Powell ablagern. Auch seine Wassertemperatur ist nicht mehr die gleiche. Früher war das Wasser im Sommer warm und im Winter kalt. Heute hat das Auslasswasser aus den Tiefen des Sees das ganze Jahr über gleichmäßige 8 °C. Dadurch haben sich Fauna und Flora an und im Fluss grundlegend verändert. Die Dämme reduzieren die Fließgeschwindigkeit des Colorado, gleichzeitig durchströmt das Wasser die Schlucht wesentlich gleichmäßiger. Durch die dadurch verminderte Sediment-

Jedes Mal wieder ein wunderbares Erlebnis: ein Sonnenuntergang am Grand Canyon

Im warmen Abendlicht erglühen die Wände des Grand Canyons noch einmal.

fracht geht dem Fluss ein Großteil seiner erodierenden Schleifwirkung verloren. Die zusätzliche Entnahme von Wasser zur Trinkwasserversorgung und zur Bewässerung bewirkt, dass dieser gewaltige Fluss in trockenen Jahren sein Delta im Golf von Kalifornien nicht mehr erreicht.

Das Farbspiel der Schluchten und Felswände des Grand Canyon begeistert Touristen und Wissenschaftler gleichermaßen. Hier liegen fast zwei Milliarden Jahre erdgeschichtlicher Entwicklung in Nordamerika offen zutage. Zum überwiegenden Teil handelt es sich hierbei um Sedimentgesteine, die rund 1200 bis 2000 Millionen Jahre alt sind und damit die geologische Entwicklung über eine Zeitspanne von mehr als einer Milliarde Jahre umfassen. Die meisten Sedimente wurden in warmen, flachen Schelfmeeren abgelagert, meist in Küstennähe. Neben Gesteinen marinen Ursprungs finden sich aber auch terrestrische Sedimente, erkennbar als fossilisierte Sanddünen einer ehemaligen Wüstenlandschaft.

Im Zuge der Laramischen Gebirgsbildung, die vor rund 75 Millionen Jahren einsetzte, wurden die wesentlich weiter ostwärts gelegenen Rocky Mountains an steilen Bruchlinien in die Höhe gedrückt, aber auch in der Umgebung des Grand Canyon kam es zu einer weit reichenden Anhebung. Vor 17 Millionen Jahren (im Miozän) beschleunigte sich dieser Anhebeprozess noch und es entstanden die Colorado-Plateaus, die den Grand Canyon umrahmen. Insgesamt dürfte das den Grand Canyon in etwa um 3000 Meter emporgedrückt haben; dies erlaubte dem Vorläufer des jetzigen Colorado River, sich in die entstehende Plateaulandschaft einzufräsen. Der eigentliche Canyon begann jedoch erst vor 5,3 Millionen Jahren zu entstehen, als sich der Golf von Kalifornien öffnete, wodurch sich die Erosionsbasis des Colorado drastisch absenkte und sich seine Erosionskraft erheblich erhöhte.

Mit dem Einsetzen der Eiszeiten vor ca. 2,5 Millionen Jahren kam es zu einer Erhöhung der Niederschlagsmenge, was wiederum die Erosionskraft des Colorado deutlich ansteigen ließ. So war bereits vor 1,2 Millionen Jahren annähernd die heutige Erosionsbasis erreicht. Durch den vor einer Million Jahre einsetzenden Vulkanismus im Uinkaret Volcanic Field lagerten sich basaltische Aschen und Lava ab. Mindestens 13 Lavaflüsse stauten zeitweise den Colorado River auf und es bildeten sich riesige Seen, die bis zu 600 Meter tief und bis zu 160 Kilometer lang waren. Wie lange diese riesigen Stauseen bestanden, ist umstritten, einige Forscher gehen von 20 000 Jahren aus, andere glauben, dass die vulkanischen Staudämme von nicht allzu langer Dauer waren und bei ihrem Nachgeben katastrophale Überschwemmungen auslösten. Die Ausdehnung der Lavaströme selbst ist beachtlich, ab Flussmeile 178 folgen sie über 121 Kilometer dem Verlauf des Colorado River!

Und so wie die Lavadämme irgendwann abgetragen waren, hoffen heutzutage viele Forscher und Naturschützer, dass der Colorado River auch mit den modernen Staudämmen im Laufe der Zeit fertig werden wird ...

Ein sehr empfehlenswerter Ausflug innerhalb des Grand Canyon National Park führt zu den Havasu-Wasserfällen. In einem Nebencanyon des Grand Canyon ist eine der wohl schönsten Stellen Arizonas versteckt. In den senkrecht emporragenden Felswänden des Havasu Canyon leben die Havasupai-Indianer, deren Name »die Menschen, die am blaugrünen Wasser leben« bedeutet. Hier in der Wüste kommt einem eine Quelle mit einer so gewaltigen Schüttung glasklaren Wassers wie ein Wunder vor. Eine Meile hinter dem Dorf Supai stößt man auf die ersten Wasserfälle. Eine Flashflood (Sturzflut) hat im Sommer 2008 große Schäden angerichtet und z. B. den ersten großen Wasserfall, den Navajo Fall, zerstört, dafür sind jedoch zwei kleinere, noch namenlose Fälle entstanden. Hauptattraktionen sind jedoch nach wie vor die hohen Fälle Havasu und Moony. Hier stürzt das Wasser 30 bzw. 60 Meter in die Tiefe. Das türkisfarbene Wasser ist sehr kalkhaltig, sodass sich an Blättern, Ästen und Steinen Travertin ablagert und sich traumhafte Pools bilden. In diesen Pools, die von Cottonwood-Bäumen umstanden sind, lässt es sich hervorragend baden.

Leider ist der Zugang zu diesem Paradies nicht ganz einfach. Die bequemste, aber auch teuerste Möglichkeit ist ein Helikopterflug von Tusayan am South Rim des Grand Canyon. Auch vom Hualapai Hilltop werden Flüge angeboten. Den Hualapai Hilltop erreicht man über die geteerte Indian Road 18, die zwischen Seligman und Peach Springs nach Norden abzweigt. Sie kann ohne Probleme mit dem Wohnmobil befahren werden. Am Hilltop muss das Fahrzeug abgestellt werden, weiter geht es nur noch zu Fuß oder auf dem Rücken eines Pferdes. Organisiert und verwaltet werden diese Touren mit Packpferden von den Bewohnern des Canyon, den Havasu 'Baaja. Bis zum Dorf sind es vom Canyonrand acht Meilen (13 km), bis zum Campingplatz zehn Meilen (16 km), dabei müssen 600 Höhenmeter überwunden werden. Übernachtungsmöglichkeiten gibt es sowohl auf dem Campingplatz als auch in der Havasu Lodge. Reservierungen und weitere Infos: http://www.havasupaitribe.com/index.html

Der Havasu Wasserfall stürzt 30 m tief in einen türkisen Pool.

Ausgedehnte Asche- und Lavafelder im Sunset Crater Vulcano National Monument

Zum Wupatki und Sunset Crater Vulcano National Monument

Über den Highway 180 verlassen wir den Grand Canyon NP in Richtung Süden. In Flagstaff bietet es sich an, in einem der großen Supermärkte die Lebensmittelvorräte zu ergänzen. Hier haben wir den Wendepunkt unserer Reise erreicht. Weiter geht es auf dem Highway 89 in Richtung Norden. Nach etwa zwölf Meilen (19 km) biegen wir auf die Sunset Crater und die Wupatki Loop Road ab.

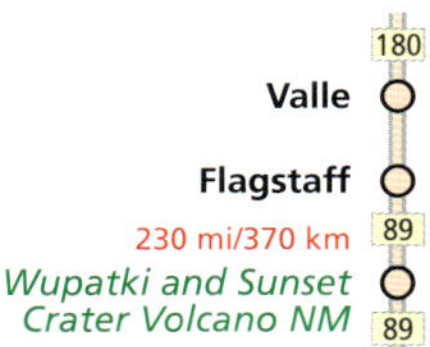

Vorbei am Visitor Center des Sunset Crater Volcano NM führt die Straße entlang an Lavaströmen, Aschekegeln und lockerem Kiefernwald. Der heute nicht mehr aktive Vulkan hatte seinen letzten Ausbruch im Jahr 1220. Der Berg selbst darf nicht betreten werden, weil seine empfindliche Struktur und die Vegetation durch Trittschäden beeinträchtigt würde. Es bietet sich jedoch der eine Meile lange Lava Flow Trail an.

Wir folgen der Loop Road, auf der einige Meilen nördlich des Sunset Crater inmitten einer weiten, offenen Wüstenlandschaft die

Manche Pflanzen sind äußerst genügsam.

» INFORMATION

Besonders interessant sind der große ovale Ballspielplatz unterhalb des Wupatki Pueblo und ein sogenanntes »Blowhole«, eine Öffnung über einem riesigen Höhlensystem im Erdinneren, aus dem bei starken Unterschieden zwischen Luftdruck und -temperatur ein kalter, ungewöhnlich starker Wind bläst. Bei Ausgrabungen wurden hier Werkzeuge, Stoffe und Keramik gefunden.

größten und wohl besterhaltenen Pueblo-Ruinen der prähistorischen Sinagua-Kultur – Wupatki, Wukoki und Lomaki – liegen. In der Ruine von Wupatki lebten im 12. Jahrhundert ca. 100 Personen. Die Bevölkerung des näheren Umfelds wird auf mehrere Tausend geschätzt.

Zum Monument Valley

Zurück auf dem Highway 89 fahren wir weiter Richtung Norden bis zur Abzweigung des Highway 160 nach Osten. In Kayenta nehmen wir den Highway 163 nach Norden.

Schon von Weitem ist auf der rechten Seite ein markanter Berg zu sehen. Der 370 Meter hohe Agathla Peak ist ein sogenannter vulkanischer Zapfen – der Rest eines riesigen Vulkans, der zum großen Teil aberodiert ist. Erkennbar ist der abgekühlte Schlund des Vulkans, an dem Magma aufgestiegen ist. Agathla Peak ist von zeremonieller Bedeutung für die Navajo-Indianer und wird in ihrer Sprache »Platz, an dem sich die Tiere verstecken« genannt.

Nun geht es in die durch Filme und Werbung wohl bekannteste Landschaft der USA, die den Wilden Westen symbolisiert.

Das Monument Valley liegt innerhalb einer Navajo Nation Reservation und wird von den heute etwa 300 hier lebenden Navajo verwaltet. Bis zum 13. Jahrhundert lebten hier die Anasazi, auch die »Uralten« genannt.

Das Tal kann auf einer 17 Meilen (27 km) langen Schotterstraße, zum Teil als Einbahnstraße, auf eigene Faust erkundet werden. Bei langsamer Fahrt ist sie für nicht allzu lange Wohnmobile normalerweise kein Problem. Sollten Sie aber Bedenken haben: Es werden

Monument Valley – hier wurden schon viele Western gedreht.

auch geführte Touren mit Allradfahrzeugen und Pferden angeboten.

Vor mehreren Hundert Millionen Jahren bestand die Region des heutigen Monument Valley zunächst aus einem riesigen Tieflandbecken, in dem sich zunächst Schicht für Schicht Sedimente ablagerten. Vor etwa 70 Millionen Jahren hob sich die Oberfläche durch stetigen Druck von unten und das einstige Becken wurde zu einem 2100 Meter hohen Felsplateau. In den letzten 50 Millionen Jahren arbeiteten Wind, Regen und Frost daran, die Oberfläche des Plateaus auszuwaschen. Diese Erosion schuf die gewaltigen Tafelberge, die bis zu 300 Meter hoch über der Hochebene des Colorado-Plateaus aufragen und charakteristisch für die Landschaft des Monument Valley sind. Die rötliche Farbe der Felsen resultiert aus dem Eisenoxid, das in ihren Gesteinsschichten enthalten ist. Zu den markanten Felsformationen gehören zum Beispiel der »Totem Pole«, eine 100 Meter hohe und nur wenige Meter breite Felsspitze, die drei Felsnadeln »Three Sisters«, die »Mittens« und der »Elephant Butte« (engl. butte = Spitzkuppe).

» WISSENSWERT

Seit 1930 diente die Landschaft vielen Filmen als Kulisse. Besonders der Regisseur John Ford drehte hier regelmäßig. Bekannte Filme sind unter vielen anderen »Easy Rider«, »Spiel mir das Lied vom Tod« und »Thelma und Louise«.

Vom Monument Valley nach Moab

Auf dem Highway 163 fahren wir weiter nach Norden. Kurz hinter dem Monument Valley überqueren wir die Staatengrenze und sind in Utah. Bei Mexican Hat bestaunen wir die Felsformation, die tatsächlich wie ein Mexikaner mit Sombrero aussieht, und wechseln auf den Highway 261 für einen kurzen Abstecher zum Muley Point Overlook. Hier hat man einen fantastischen Ausblick auf eine Schleife des Green River.

Nach diesem kleinen Umweg geht es zurück bis zur Kreuzung mit dem Highway 191, auf dem wir bis Moab fahren. Die tollen Felsformationen, die nun auf der linken Seite in unser Blickfeld kommen, gehören zum Valley of the Gods. Die Straße, die durch dieses Tal führt, ist allerdings für Wohnmobile nicht geeignet.

Moab ist ein kleines Bergbaustädtchen, in dem vor allem Uran abgebaut wurde, aber auch Kali und Mangan. Heute lebt es in erster Linie vom Tourismus, da sich die beiden Nationalparks Canyonlands und Arches sowie der Dead Horse Statepark in unmittelbarer Nähe befinden. Außerdem ist die Gegend ein

> **» INFORMATION**
>
> **Museum of Moab**, 118 East Center Street, Moab, UT 84532, Tel. 435-259-79 85, www.moab-utah.com/danolaurie/museum.html

Eldorado für Mountainbiker, Rafter, Kletterer und sonstige Sportler. Das sehr interessante Museum of Moab zeigt Exponate zu Geologie, Archäologie und Paläontontologie, aber auch zur Lebensweise der ersten Siedler in dieser Gegend im späten 19. Jahrhundert sowie eine Ausstellung zum Bergbau, vor allem dem legendären Uran-Boom Mitte des 20. Jahrhunderts.

Von Moab zum Arches National Park

Auf dem Highway 191 verlassen wir Moab in nördlicher Richtung und folgen der Beschilderung zum Arches National Park.

Die Hauptattraktion dieses Nationalparks ist die weltweit größte Ansammlung natürlicher Steinbögen (engl. arches). Über 2000 dieser Bögen sind im Park nachgewiesen. Der allein stehende, filigrane und sehr bekannte Delicate Arch (14 m hoch) ist Wahrzeichen des Bundesstaates Utah und auf vielen Kfz-Kennzeichen abgebildet. Er gehört erst seit 1938 zum Nationalpark. In den letzten 50 Jahren überlegte man, ob man den Bogen mit einem Plastiküberzug vor weiterer Erosion schützen sollte. Doch Gott sei Dank besann man sich stattdessen auf die ursprünglichen Ziele des Parks: die Natur vor den Menschen zu schützen und vor dessen Einfluss zu bewahren und sie ansonsten sich selbst zu überlassen. Und so wird auch dieser Bogen, wie schon viele vor ihm, eines – hoffentlich sehr fernen – Tages in sich zusammenstürzen.

Nach der Besichtigung geht es auf dem gleichen Weg zurück nach Moab.

Von Moab zum Canyonlands National Park

Auf dem Highway 191 verlassen wir Moab in nördlicher Richtung und folgen der Beschilderung zum Canyonlands National Park.

Der Green River und der Colorado River teilen den Canyonlands NP in drei Distrikte: Island in the Sky im Norden, The Needles im Südosten und The Maze im Westen.

> **» INFORMATION**
>
> Bitte beachten Sie, dass es auch auf dem kleinen Campingplatz wie im ganzen Park kein Wasser gibt!

Der so genannte Delicate Arch im Arches National Park ist Utahs Wahrzeichen.

Aussicht in die Abbrüche des Canyonland National Park im Distrikt Island in the Sky

Island in the Sky und der Needles-Distrikt sind über den Highway 191 zu erreichen. The Maze ist die abgelegenste der drei Regionen und nur von Westen her über die Staatsstraßen 24 oder 95 und nur über unbefestigte Straßen erreichbar.

Die am häufigsten angefahrene Sektion ist Island in the Sky. Sie bietet spektakuläre Ausblicke auf den Colorado und den White Rim, eine Sandsteinabbruchkante, die als weißes Band erkennbar ist. Beachten Sie: Auch hier gibt es kaum Wasser!

Gleich neben dem Nationalpark-Distrikt Island of the Sky befindet sich der Dead Horse State Park. Von hier hat man einen atemberaubenden Blick auf eine Flussschleife des Colorado, der 600 Meter tief unter einem fließt. Der Legende nach wurde dieser Ort aufgrund seiner natürlichen Begrenzung durch den steilen Abbruch zum Colorado River um die Jahrhundertwende als »Gehege« für wilde Mustangs genutzt. Cowboys trieben die Tiere in dieser Sackgasse, die am Ende nur noch 30 Meter breit und mit dichtem Buschwerk bewachsen ist, zusammen. Rechts und links waren nur die Klippen. Eines Tages sollen die Pferde dort ohne Wasserversorgung zurückgelassen worden sein und mussten jämmerlich sterben – immer in Sichtweite des Colorado River in der Tiefe. Hoffentlich handelt es sich dabei nur um eine Sage …

Auf dem gleichen Weg geht es nach Moab zurück.

Von Moab zurück nach Salt Lake City

Die letzte Etappe bringt uns zu unserem Ausgangspunkt Salt Lake City zurück. Ich muss zugeben, diese Strecke hat ihre Längen. Manchmal glaubt man, die größte Kiesgrube ganz Amerikas zu durchfahren.

Auf dem Highway 191 fahren wir bis Crescent Junction, dort auf der Interstate I-70 bis zur Ausfahrt 157, eine Ausfahrt hinter Green River. Dort nehmen wir den Highway 6/191 bis Provo und legen das letzte Stück bis Salt Lake City auf der Interstate I-15 zurück.

Nostalgisches Haus an der Route 66

» ROUTE 66

ROUTE 66

Auf unseren Touren durch den Westen der USA treffen wir immer wieder auf Teilstücke der historischen Route 66, auch Mother Road oder America's Mainstreet genannt.

Nach dem Ersten Weltkrieg nahm der Autoverkehr in den USA immer mehr zu und so wurden viele Straßen gebaut. Doch es gab noch immer keine durchgehende Ost-West-Verbindung. Die hohe Gebirgskette der Rocky Mountains und die großen Wüsten verhinderten ein zusammenhängendes Straßennetz.

Erst 1926 wurden bereits bestehende Straßen zum 2448 Meilen (3939,67 km) langen »US Highway 66« zusammengefügt, der von Chicago (Illinois) nach Los Angeles (Kalifornien) führte. Der Begriff Highway ist dabei etwas irreführend, denn zum großen Teil war diese Straße ungeteert. Erst 1937 wurde die Asphaltierung vollendet.

Die Route war in den 1950er- und 1960er-Jahren die wichtigste Verbindungsstraße zwischen dem Osten und dem Westen der Vereinigten Staaten. Gemäß dem Motto »Go west!« flüchteten damals viele durch Dürreperioden verarmte Farmer und Landarbeiter nach Kalifornien. Dort wurden auf den riesigen Obstplantagen und in der aufblühenden Flugzeug- und Rüstungsindustrie Tausende von Arbeitern gebraucht.

Die Route 66 fand auch Eingang in die Literatur, als der Autor John Steinbeck diese Flucht in dem Buch »Früchte des Zorns« beschrieb. Es wurde später von Regisseur John Ford verfilmt, mit Henry Fonda in der Hauptrolle.

Auch in der Musik findet sich der Highway wieder. Mit dem Song »Get Your Kicks on Route Sixty-Six« beschrieb Bobby Troup seine Fahrt nach Los Angeles, wo er eine Karriere als Musiker zu machen hoffte. Dieser Song wurde von Nat King Cole veröffentlicht und später von Chuck Berry, den Rolling Stones, Depeche Mode und vielen anderer Musikern interpretiert.

Alle Bilder: In Seligman/Arizona wird alles gehegt und gepflegt, was an die glorreiche Zeit der »Mother Road« erinnert.

Ausgehend von Chicago, nahm die Route 66 ihren Weg diagonal in grob südwestlicher Richtung. Sie verlief in Illinois zunächst durch Städte wie Joliet, Bloomington, Lincoln und Springfield. Dieser Abschnitt gehört heute zur Interstate I-55.

Anschließend verlief sie durch die Bundesstaaten Missouri und Oklahoma, wobei sie in der Nähe von Joplin auch ein kleines Stück des Staates Kansas streifte. Damit diente die Route 66 nicht nur dem Transkontinentalverkehr, für den sie berühmt wurde, sondern auch der Anbindung der Landwirtschaft des Mittleren Westens an Chicago.

Ab Oklahoma City führte die Route 66 weiter in westlicher Richtung über Amarillo in Texas, Albuquerque und Gallup in New Mexico nach Arizona. Dort wurde westlich von Flagstaff im Jahre 1984 der letzte Abschnitt der Route 66 durch den Interstate-Highway I-40 ersetzt, der längst die Route 66 als Ost-West-Verbindung zwischen Oklahoma City und Los Angeles abgelöst hatte. Im Jahr darauf, am 27. Juni 1985, entzog die AASHTO (American Association of State Highway and Transportation Officials) – ein gemeinnütziger Zusammenschluss der »highway and transport departments« (»Verkehrsministerien«) der 50 US-Bundesstaaten, der die Arbeit der Einzelbehörden koordiniert – der Route 66 dann den Status einer United States Highway. In Arizona existiert aber – zwischen Seligman, Kingman, Oatman und dem Colorado-Ufer bei Topock – weiterhin ein malerisches Teilstück als »Historic Route 66«, das weitab von der Autobahn liegt und teilweise über steile Bergstraßen führt.

Erforderlich wurde dieser Schritt, da die Route 66 sehr kurvenreich und nur zweispurig ausgebaut war. Für den ständig zunehmenden Verkehr und vor allem für den Schwerlastverkehr war sie nicht mehr ausreichend. Und so wurde sie allmählich durch mehrspurige Autobahnen ersetzt.

Viele kleine Teilstrecken und Ortschaften verfielen in einen regelrechten »Dornröschenschlaf«. Sie sind es, die bis heute den magischen Zauber und das Flair der Sixties verbreiten und damit Touristen und Nostalgiker aus aller Welt anziehen.

Sonnenaufgang zwischen den »Mittens« im Monument Valley

» TOUR 2

2 DIE VIELFALT KALIFORNIENS

Unterwegs im Staat mit der abwechslungsreichsten Landschaft der USA

Ausgangs-/Endpunkt der Tour: Los Angeles (Kalifornien); auch San Francisco (Kalifornien) oder Las Vegas (Nevada) sind möglich **Strecken:** Los Angeles – Joshua Tree NP (165 mi/266 km) – Valley of Fire SP (345 mi/556 km) – Las Vegas (50 mi/80 km) – Death Valley NP (145 mi/233 km) – Alabama Hills (110 mi/176 km) – Ancient Bristlecone Pine Forrest (75 mi/121 km) – Devils Postpile NM (60 mi/97 km) – Mono Lake (30 mi/48km) – Bodie State HP (30 mi/48 km) – Yosemite NP (50 mi/80 km) – Moss Landing (185 mi/298 km) – Big Sur (50 mi/80 km) – Los Angeles (288 mi/463 km)
Streckenlänge: Los Angeles – Los Angeles ca. 2000 mi/3219 km **Beste Reisezeit:** Mai bis Juni oder September bis Oktober. Da weite Teile dieser Reise im Hochland liegen, erkundigen Sie sich bitte vorher, ob noch oder schon wieder Wintersperren bestehen, z. B. im Internet auf www.nps.gov/yose/
Dauer: ca. 3 Wochen

Kalifornien, der drittgrößte Staat der USA und auch unter seinem Beinamen »Golden State« (goldener Staat) bekannt, ist ein Land der Superlative. Hier liegen – nur etwa 100 Kilometer voneinander entfernt – der tiefste Punkt der USA, Badwater im Death Valley (Tal des Todes) mit 85,5 Meter unter NN, und der höchste Punkt der USA außerhalb Alaskas, der Mount Whitney mit 4418 Meter über NN. Da gibt es viel zu entdecken!

Los Angeles

Die Stadt »der Engel« ist mit etwas über vier Millionen Einwohnern im Stadtgebiet nach New York die zweitgrößte Stadt der Vereinigten Staaten. Die erweiterte Metropolregion zählt jedoch mittlerweile 17,8 Millionen Angelenos, damit gehört Los Angeles zu den größten Ballungsräumen der Welt.

Die Stadt wurde am 4. September 1781 offiziell von Gouverneur Felipe de Neve unter dem Namen El Pueblo de la Reina de Los Ángeles (span. »Das Dorf der Königin der Engel«) gegründet. Der lange Name wurde schon bald verkürzt zu Los Angeles bzw. L.A. Zehn Jahre zuvor hatten spanische Mönche des Franziskanerordens die Mission »San Gabriel« nahe Whittier Narrows gegründet, die später den Ausgangspunkt für die Besiedlung der Region bildete. Die Mission sollte den Einfluss Spaniens und die Macht der Kirche erweitern. Um sie vor Angriffen der dort lebenden Ureinwohner zu schützen, wurde sie durch ein Fort befestigt.

1821 fiel Los Angeles an Mexiko, das nach einem langen Krieg seine Unabhängigkeit von Spanien errungen hatte. 1835 wurde die Siedlung vom mexikanischen Kongress zur Stadt und gleichzeitig zur Hauptstadt von Mexikos nördlichster Region Alta California erhoben. Der zweite Teil dieses Erlasses wurde allerdings niemals durchgesetzt und bald wieder revidiert. So blieb Monterey bis 1849 die Hauptstadt von Kalifornien. Die Bevölkerung wuchs bis 1836 auf 2228 Einwohner an, um danach wieder vorübergehend abzunehmen. Bis Mitte des 19. Jahrhunderts war Los

Linke Seite: Auf dem Hoover Staudamm überquert man die Staatsgrenze zwischen Arizona und Nevada.

Kalifornischer Mohn: »Poppy«

Skyscrapers in Los Angeles

Angeles eine mexikanische Gemeinde, die sich vorwiegend aus amerikanischen Siedlern, armen chinesischen Arbeitern und einigen wenigen wohlhabenden mexikanischen Großgrundbesitzern zusammensetzte. Während des mexikanisch-amerikanischen Krieges zwischen 1846 und 1848 wurde Alta California und damit auch Los Angeles von US-amerikanischen Soldaten besetzt und den USA angegliedert.

Die Stadt wird heute manchmal als Horizontal City (horizontale Stadt) bezeichnet, da sie relativ wenige Wolkenkratzer besitzt und das gesamte Stadtgebiet sehr weitläufig ist. Bis zum Jahre 1958 bestand eine gesetz iche Vorschrift, wonach die Obergrenze von 45 Meter beziehungsweise 14 Stockwerken für Gebäude nicht überschritten werden durfte. Die einzige Ausnahme bildete das Rathaus von 1928 mit 138 Meter Höhe. Diese Bauvorschrift wurde durch spätere erdbebensichere Konstruktionen überflüssig. Die Gefährdung durch Erdbeben – und aufgrund dessen die Abkehr von dichter Bebauung – ließ Los Angeles eher zu einer Art »City in the Garden« (Stadt im Garten) werden.

Die Erdbebengefahr im Großraum Los Angeles ist allgegenwärtig. Ihre Ursache liegt in der am Ostrand der Metropolregion verlaufenden San-Andreas-Verwerfung und der direkt unter der Stadt liegenden Puente-Hills-Verwerfung. Das schwerste Erdbeben in der jüngeren Geschichte war das Fort-Tejon-Erdbeben am 9. Januar 1857 nahe der heutigen Gemeinden Wrightwood und Palmdale. Das Beben der Stärke 8,0 auf der Richterskala verursachte aber nur geringe Schäden, da die Region zu dieser Zeit nur gering besiedelt war. Weitere Beben folgten in den Jahren 1933, 1971, 1991, 1994 und 2008. Laut einer Studie aus dem Jahr 2008 prognostizieren die Forscher für Kalifornien bis 2038 mit 99,7%iger Wahrscheinlichkeit ein schweres Erdbeben der Stärke 6,7 auf der Richterskala.

Eine andere Gefahr, die der Stadt regelmäßig droht, sind die gewaltigen Waldbrände. Besonders kritisch wird es, wenn die sogenannten Santa-Ana-Winde, die über die Santa-Ana-Berge aus den östlich der Stadt gelegenen Wüsten kommen, die Temperaturen über 40 °C steigen lassen.

Von Los Angeles aus lohnt sich ein Ausflug ins Disneyland Resort. Dieser erste von Walt Disney gegründete Vergnügungspark eröffnete am 17. Juli 1955 in Anaheim. Um Geld für das Projekt zu bekommen, entwickelte Disney in den 1950er-Jahren die Fernsehsendung »Disneyland«, die vom Sender ABC ausgestrahlt wurde. Heute gehört dieser Sender ebenfalls zum weitläufigen Disney-Konzern. Schon in der Planungsphase nach dem Zweiten Weltkrieg wurde deutlich, dass für den Park mehr Land benötigt werden

» INFORMATION

Disneyland, 1313 South Harbor Boulevard, Anaheim, CA 92802, Tel. 714-635-23 00, http://disneyland.disney.go.com/

» INFORMATION

Universal Studios Hollywood, 100 Universal City Plaza, Universal City, CA 91608-1085, Tel. 818-622-38 01, www.universalstudioshollywood.com

Die Weltkugel – das Emblem der Universal Studios

würde, als auf dem Gelände neben den Disney-Studios in Burbank – dem ursprünglich für Disneyland vorgesehenen Ort – zur Verfügung stand, und so wurde ein Grundstück in Anaheim ausgewählt. Seit seiner Eröffnung wurde das »Magic Kingdom«, wie Disneyland schnell genannt wurde, mehrfach erweitert.

Auch die Universal Studios Hollywood sollten Sie sich nicht entgehen lassen. Im Laufe der Jahre wurde der einst kleine Park – zunächst nur Ausgangspunkt für die Studio-Tour, die die Gäste hinter die Kulissen des Filmstudios blicken ließ – zu einem Themenpark weiterentwickelt und vergrößert. Dieser gliedert sich in zwei Bereiche – »Upper Lot« und »Lower Lot«. Beide Teile sind durch die weltweit größte und höchste Rolltreppenkonstruktion, die sich über mehrere Ebenen erstreckt, miteinander verbunden. Das Upper Lot erstreckt sich vom Eingang des Parks bis zum The Simpsons Ride, wo auch die Rolltreppen in den unteren Parkteil führen. Das Lower Lot liegt mitten in den eigentlichen Studios und bietet drei Attraktionen: Jurassic Park – The Ride, Backdraft und Revenge of the Mummy. Das Upper Lot bietet neben aufwendigen Live-Shows auch das eigentlich Highlight des Parks: die Studio-Tram-Tour. Dabei geht es in Trams auf eine 45 Minuten lange Fahrt durch Frontlot und Backlot. Neben einigen Original-Filmsets können die Besucher auch Schauspieler beim Dreh beobachten. Die Tram-Tour wird regelmäßig erweitert und verändert, um aktuelle Universal-Filme zu zeigen.

Wer sich für Kunst interessiert, ist im J. Paul Getty Museum ebenso gut aufgehoben wie im Museum of Contemporary Art (MOCA). Das J. Paul Getty Museum geht auf die Privat-

Stuntshow in den Universal Studios in Hollywood

Die Walt Disney Concert Hall, gebaut nach den Plänen des Architekten und Designers Frank Gehry, zählt wegen ihrer modernen Akustik und Architektur zu den bedeutendsten Konzerthallen der Welt.

sammlung des Ölmagnaten J. Paul Getty zurück, der mit dieser 1953 in Malibu ein Museum gründete. Seit 1997 ist der größte Teil der Sammlung im Getty Center in Los Angeles untergebracht, einem Bau des Architekten Richard Meier. Die Antikensammlung befindet sich seit 2006 wieder im renovierten ursprünglichen Gebäude des Getty Museums in Malibu, einem Nachbau der Villa dei Papiri in Herculaneum. Das Museum zeigt Ausstellungen aus sechs Sammlungsschwerpunkten: Antiken, Zeichnungen, Buchmalerei, Gemälde, Fotografie, Skulptur und Kunsthandwerk.

Die Kunstwerke des Museum of Contemporary Art (MOCA) werden in zwei Pavil ons

» INFORMATION

Getty Center, 1200 Getty Center Drive, Los Angeles, CA 90049, Tel. 310-440-73 00, www.getty.edu/
Getty Villa Malibu, 17985 Pacific Coast Highway, Pacific Palisades, CA 90272, Tel. 310-440-73 00, www.getty.edu/

aus rötlichen, geometrischen Blöcken ausgestellt, ein Entwurf des Architekten Arata Isozaki, der sie als »kleines Dorf im Tal der Wolkenkratzer« bezeichnete. Neben Arbeiten von Franz Kline, Mark Rothko, Robert Rauschenberg und Claes Oldenburg sowie Werken von Antoni Tàpies beherbergt das Museum eine Sammlung von Gemälden und Skulpturen einiger moderner kalifornischer Künstler, denen man in vielen bedeutenden Galerien der Stadt ebenfalls begegnet.

Im weiter östlich gelegenen Geffen Contemporary at MOCA, einer ehemaligen Reparaturwerkstatt für Polizeiwagen, werden die etwas avantgardistischeren Werke des MOCA gezeigt. Ein weiterer Standort des Museums ist das MOCA Pacific Design Center mit Ausstellungen zu zeitgenössischer Architektur und Design.

Auch wenn das Reisebudget für einen Kauf auf der angeblich teuersten Einkaufsmeile der Welt nicht reicht, macht das Bummeln auf dem Rodeo Drive trotzdem viel Spaß. Er verläuft zwischen dem Wilshire Bou-

» INFORMATION

MOCA Grand Avenue, 250 South Grand Avenue, Los Angeles, CA 90012, www.moca.org
The Geffen Contemporary at MOCA, 152 North Central Avenue, Los Angeles, CA 90013, www.moca.org
MOCA Pacific Design Center, 8687 Melrose Avenue, West Hollywood, CA 90069, www.moca.org

levard im Süden und dem Sunset Boulevard im Norden. Der drei Häuserblöcke lange Abschnitt zwischen Wilshire und Santa Monica Boulevard ist die exklusive Einkaufs- und Flaniermeile, die von den Reichen und Prominenten genutzt wird. Hier haben Modemarken wie Giorgio Armani, Versace, Gucci, Christian Dior, Chanel, Ralph Lauren, Yves Saint Laurent, Hermès und Valentino ihre Läden, aber auch Saks Fifth Avenue, Louis Vuitton, Van Cleef & Arpels, Cartier sowie Tiffany & Co. sind vertreten. Ebenfalls bekannt geworden ist die Straße durch Filmaufnahmen, die hier stattfanden. So drehte der Regisseur Brian DePalma hier 1984 in The Rodeo Collection Szenen seines Films »Body Double« (dt. »Der Tod kommt zweimal«) und Julia Roberts flanierte im Film »Pretty Woman« über den Rodeo Drive.

Venice Beach ist der etwa 4,5 Kilometer lange, an der Pazifikküste gelegene Sandstrand der 1925 von Los Angeles eingemeindeten Kleinstadt Venice. Die Strandpromenade, der Ocean Front Walk oder kurz Boardwalk, besitzt ein besonderes Flair und eine große Anziehungskraft sowohl für die Bewohner von Los Angeles als auch für Touristen, die gerne an den Souvenir- und Verkaufsständen vorbeiflanieren. Zu den Spaziergängern gesellen sich außerdem Straßenkünstler, Musiker, Maler, Wahrsager und Artisten. Es gibt verschiedene Trainingsplätze für Volleyball-, Basketball- und Tennisspieler, dazu eigene Wege für Radfahrer und Inlineskater sowie Halfpipes für Skateboarder. Weltbekannt ist vor allem der Muscle Beach, ein Trainingsgelände für Bodybuilder unter freiem Himmel.

Der Eingang zum Walk of Fame

Bodybuilder am Muscle Beach in Venice

Von Los Angeles zum Yoshua Tree National Park

Start
Los Angeles
I-10
White Water
165 mi/266 km 62
Joshua Tree NP

Wir verlassen das riesige Ballungszentrum um Los Angeles auf der Interstate I-10 in Richtung Westen. Nach dem San Gorgonio Pass, auf dem eine schon fast beängstigende Zahl an Windpropellern steht, biegen wir auf den Highway 62 ab.

Etwa 100 Meilen (161 km) hinter Los Angeles erreichen wir den Westeingang des Joshua Tree National Parks. Das Besondere an ihm ist, dass hier drei Ökosysteme aufeinandertreffen:

Felsformation im Yoshua Tree National Park

» WISSENSWERT

Bei den Joshua-Bäumen, nach denen der Park benannt ist, handelt es sich um Palmlilien (*Yucca brevifolia*), die bis zu 18 Meter hoch und 900 Jahre alt werden können. Als die Mormonen 1840 auf ihrem Weg nach Westen durch dieses Gebiet kamen, sahen sie in den Bäumen die Gestalt des Propheten Joshua, der seine Arme gen Himmel hob.

Die Colorado-Wüste, eine westliche Verlängerung der großen Sonora-Wüste, liegt in den südlichen und östlichen Teilen des Parks. Hier wachsen vor allem Ocotillo- und Cholla-Kakteen. Der nördliche Parkteil ist ein Ausläufer der Mojave-Wüste mit den Joshua-Bäumen. Das dritte Ökosystem bilden die San-Bernadino-Berge im Westen des Parks. Hier wachsen auf bis zu 1772 Meter Höhe noch Wacholder und Pinien. Doch nicht nur die Pflanzen sind interessant, sondern auch die fantastischen Granitfelsen. Die spektakulärsten Gesteinsformen sind bei Jumbo Rocks, Wonderland of Rocks und im Indian Cove zu entdecken – ein Eldorado für Kletterer.

Unten: Frühling im Yoshua Tree National Park – auf dem sandigen Boden blühen Tausende zarte Desert Dendelions.

Yachthafen am Lake Mead, dem größten Stausee der USA

Unten: Felsformation »Elefant« im Valley of Fire State Park

Zum Valley of Fire State Park

Wir verlassen den Joshua Tree NP über den Südeingang Cottonwood und fahren auf der Interstate I-10 in Richtung Westen. Bei Desert Center wechseln wir auf den Highway 177 nach Norden, bis er den Highway 62 kreuzt. Auf Letzterem geht es weiter westlich bis Vidal Junction, dort nehmen wir den Highway 95 bis Boulder City.

Hier sollten Sie einen Abstecher zum Hoover Dam unternehmen. Diese Bogengewichtsmauer, mit einer Kronenlänge von 379,2 Meter und einer Höhe 221 Meter, staut den Colorado im Black Canyon zum Lake Mead, dem größten Stausee der USA, auf. Auf der Mauer verläuft die Staatsgrenze zwischen Arizona und Utah. Die Straße über den Damm ist das reinste Nadelöhr. Zum einen wird jedes Auto kontrolliert, zum anderen will jeder die Fahrt über den Damm genießen, außerdem sind sehr viele Fußgänger unterwegs. Um den Verkehr zu entspannen, wird der »Hoover Dam Bypass«, eine Bogenbrücke, gebaut, der ursprünglich im Juni 2008 fertig werden sollte. Im September 2006 stürzten aber aufgrund heftiger Winde zwei Baukräne ein, sodass die Eröffnung nun für Ende 2010 erwartet wird. Im Hoover Dam Visitor Center werden Besichtigungstouren angeboten, die allerdings einen stolzen Preis haben: im Jahr 2009 30 Dollar pro Person.

Doch nun geht es auf dem Highway 95 (I-515) Richtung Las Vegas. Bevor wir jedoch die Spielerstadt besuchen, fahren wir am Lake Mead entlang in den Valley of Fire SP. Bei Henderson wechseln wir auf den Highway 564 und dann auf den Highway 167/169 zur Echo Bay. Hier hat man einen traumhaften Blick auf den See.

Ein paar Meilen später erreichen wir den Valley of Fire State Park. Hier versteinerten vor 150 Mio. Jahren große Wanderdünen zu

» INFORMATION

Im Valley of Fire State Park gibt es einen wunderschönen Campingplatz mit Duschen!

I-10
Desert Center
62
177
Vidal Junction
95
Boulder City
280 mi/451 km
93
166
Hoover Dam
93
166
Boulder City
95
Henderson
564
167
169
Echo Bay
65 mi/105 km
Valley of Fire SP
50 mi/80 km
I-15

Am »Strip« reiht sich ein Luxushotel an das andere.

Sandstein in den verschiedensten Farben von Feuerrot über Orange und Gelb bis Weiß. Zu den spektakulären Farben kommt noch dazu, dass die Erosion fabelhafte Gebilde herausgeschliffen hat. Das bekannteste ist sicher ein »Elefant«, doch mit etwas Fantasie kann man hier viele Kobolde, Gesichter oder andere interessante Formen entdecken.

Vom Valley of Fire nach Las Vegas

Über den Westausgang verlassen wir den Park und fahren auf der Interstate I-15 nach Las Vegas.

Einst war dieser Ort für die Siedler mit ihren Planwagen auf dem Weg nach Kalifornien ein wichtiger Zwischenstopp, denn hier gab es Wasser. So stammt der Name Las Vegas aus dem Spanischen und bedeutet so viel wie »Die Auen« oder »Die Wiesen«.

» INFORMATION

An der Flying-J-Tankstelle mit Shop vor der Interstate-Auffahrt ist das Benzin oft deutlich billiger als in Las Vegas.

Rechte Seite: Wasserspiele vor dem Themenhotel »Bellagio«

Das Aussehen der 1905 gegründeten Stadt änderte sich radikal, als in den 1930er-Jahren Tausende von Staudamm-Arbeitern in das benachbarte Boulder City zogen. Dort waren Alkohol und Glücksspiel verboten, sodass es viele von ihnen in ihrer Freizeit in das nahe gelegene Las Vegas zog, wo sich innerhalb kurzer Zeit eine Menge Bars und Kasinos ansiedelten. Der Mobster (ein Mitglied der US-amerikanischen Cosa Nostra bzw. eine von ihr korrumpierte Person) Bugsy Siegel setzte Anfang der 1940er-Jahre mit dem Bau der ersten Hotels mit integriertem Spielkasino eine Entwicklung in Gang, die bis heute anhält. In den 1950er-Jahren kamen zahlreiche Besucher nach Las Vegas, welche die Atombombentests sehen wollten, die in der Nähe der Stadt in der Wüste stattfanden. Zu dieser Zeit stieg der Einfluss der US-amerikanischen Cosa Nostra, zahlreiche Hotels wurden von ihr kontrolliert. Teile der Gewinne aus den Kasinos wurden von den Gangstern abgeschöpft, bevor sie versteuert werden konnten, und landeten bei den Familienbossen, die fernab von Las Vegas von Städten wie z. B. Chicago oder Miami aus die Kasinos kontrollierten. Das änderte sich erst, als Howard Hughes einen Teil der Hotels übernahm. Steve Wynn leitete 1989 mit der Eröffnung des Luxushotels Mirage eine Trendwende ein, indem es ihm gelang, neue und vor allem sehr zahlungskräftige Kundschaft anzulocken. In den letzten Jahren versuchte man auch von offizieller Seite aus das Image der Stadt von Sin City (Stadt der Sünde) mit Kasinos, Nacktbars und illegaler Prostitution in Richtung City of Entertainment (Stadt der Unterhaltung) zu verändern, da man die Stadt auch für Familien mit Kindern attraktiv machen möchte.

Las Vegas zählt zu den am stärksten wachsenden Städten der USA. So zählt die Stadt inklusive Umland mittlerweile fast zwei Millionen Einwohner. Das konnte sich der zur Bauzeit des Hoover Dam amtierende Bürgermeister allerdings nicht so recht vorstellen. Als es um die Rechte zum Bezug von Strom aus dem Hoover-Wasserkraftwerk ging, lehnte er sie ab mit den Worten »Las Vegas wird nie mehr als 5000 Einwohner haben«. Tatsächlich bezieht Las Vegas bis heute nur 3 % seines Energiebedarfes aus dieser Anlage, den Rest bekommt es aus Kohle- und Gaskraftwerken. Erst im Jahre 2017 werden die Energiebezugsrechte neu verhandelt.

Touristisch bietet Las Vegas zwei Schwerpunkte: Die Fremont Street in Downtown war

Hier ragt sogar eine übergroße Harley aus der Hauswand.

Las Vegas
95
Amargosa Valley
373
Death Valley Junction
145 mi/233 km 190
Death Valley NP

» INFORMATION

Um den Aufenthalt in Las Vegas schon etwas vorplanen zu können, ist es hilfreich, sich vorab im Internet einen Stadtplan herunterzuladen (z. B. unter www.visitlasvegas.com/getfile/Las%20-Vegas_EnglishAreaMap.pdf?fileID=567). Zwischen Strip und Fremont Street verkehrt ein Shuttlebus. Das Tagesticket kostet 5 Dollar und erspart mit dem Wohnmobil viel Stress bei der Parkplatzsuche.

Rechte Seite: In den riesigen Sanddünen bei Stovepipe Wells findet man morgens viele Tierspuren.

früher das Herz der Stadt und ist heute als Fußgängerzone noch attraktiv wegen ihrer abendlichen Lichtershow. Der Hauptschwerpunkt aller touristischen Aktivitäten liegt heute jedoch am »Strip«. Hier stehen die größten und berühmtesten Themen-Hotels mit ihren Kasinos, Geschäften und Restaurants.

In den Hotels laufen die großen Shows, Revuen, Zirkusvorstellungen und Konzerte. Außerdem gibt es Aquarien, Galerien, Museen und Zoos zu entdecken.

In den Death Valley National Park

Nach dem Trubel der Spielerstadt geht es jetzt wieder raus in die Natur. Auf dem Highway 95 Richtung Nordwesten fahren wir bis zur Abzweigung des Highway 373. Schon bald haben wir Nevada verlassen und befinden uns wieder auf kalifornischem Boden. Der abzweigende Highway 190 bringt uns zum Death Valley National Park.

Obwohl das Death Valley, das zur Mojave-Wüste gehört, nur wenige Hundert Kilometer vom Pazifischen Ozean entfernt liegt, ist es eine der trockensten und heißesten Gegenden der Erde. Dies liegt daran, dass sich die feuchten Winde auf ihrem Weg vom Pazifik an den hohen Bergrücken der High Sierra abregnen, bevor sie über den Park ziehen können.

Rundherum ist das Tal von hohen Gebirgen eingeschlossen. Die höchste Gebirgskette bildet die Panamint Range mit dem 3366 Meter hohen Telescope Peak. In seinem Schatten liegt Badwater mit – 85,5 Metern unter dem Meeresspiegel der tiefste Punkt

» INFORMATION

Im Death Valley sind die Strecken lang und der Sprit teuer. Es empfiehlt sich also, vorher noch einmal vollzutanken.

Zabriskie Point im warmen Morgenlicht

der westlichen Hemisphäre. Kaum vorstellbar ist, dass sich hier vor 3000 Jahren ein 200 Meter tiefer See befand. Der Name Badwater leitet sich von der Tatsache ab, dass das Wasser hier sehr salzig ist. Eine winzige Quelle, die auch in den Sommermonaten nicht austrocknet, tritt hier an einer Bruchstelle durch eine stark salzhaltige Schicht an die Oberfläche. Über eine riesige Fläche hat sich eine Salzpfanne gebildet, die jedoch nur nach Regenfällen so weiß glitzert wie auf den Postkarten.

Vom Aussichtspunkt Dantes View sieht man hervorragend auf das ganze zentrale Tal herab. Allerdings ist die Straße sehr steil (15 %!) und damit für Fahrzeuge über 25 Feet (7,7 m) Länge gesperrt.

Auf dem Rückweg von Badwater sollten Sie den Artists Drive fahren – nur geeignet für Fahrzeuge unter 25 Feet (7,7 m) Länge. Er bezaubert durch wunderschöne Gesteinsformationen, deren Farbenspiel durch die Oxidation verschiedener in den Felsen vorkommender Metalle verursacht wird, z. B. Eisen (rot bis dunkelrot) oder Kupfer (türkis bis grün). Ein kleines Stück weiter können sie abends, wenn die Sonne schon tief steht, glühende Wände im Golden Canyon erleben.

Walter Scott baute sich Anfang des 20. Jahrhunderts für zwei Millionen Dollar ein schlossartiges Haus im Death Valley, heute bekannt als Scottys Castle.

» SEHENSWERT

Vor Stovepipe Wells befinden sich die riesigen **Death Valley Dunes**, die besonders im Morgen- und Abendlicht leuchten. Schon von der Straße aus kann man gute Fotos machen.

In der zweiten Hälfte des 19. Jahrhunderts wurden große Mengen an Borax im Death Valley gefördert.

Hinter dem Visitors Center in Furnace Creek befindet sich ein kleines Museum, in dem Gerätschaften, die einst für den Borax-Abbau benötigt wurden, ausgestellt sind. Borax, das für die Seifenherstellung gebraucht wurde, und andere hier gefundene Bodenschätze wie Gold und Silber wurden dann mit großen Wagen, die jeweils mit 18 Mulis und zwei Pferden bespannt waren, aus dem Tal heraustransportiert. Daher der Name »20-Mule-Team« für ein US-amerikanisches Borax-Produkt.

Über den Tone-Pass (Hw. 190/Hw. 136) verlassen wir das Death Valley und fahren nach Lone Pine ins Owens Valley. Zuvor machen wir eine Pause am Father Crowley Point und schauen zurück ins Panamint-Tal.

Der 1891 in Irland geboren Pater Father Crowley war ab 1991 für die Wüstengemeinden von Barstow bis Bishop zuständig. Das entspricht in etwa der Fläche von Irland. In den ersten 16 Monaten seines Dienstes legte er mit seinem Ford Model T 50 000 Meilen auf den unbefestigten Straßen der Gegend zurück, im Auto immer einen Schlafsack für Notfälle. Stets trug er seine markante »Uniform«: Reiterstiefel, eine khakifarbene Reiterhose und ein ebenso gefärbtes Shirt, das als Schutz für seine darunter befindliche Priesterbekleidung diente. Nach fünf Jahren in der Wüste wurde er 1924 Pastor in der St. Johns Cathedral in Fresno. Als er zehn Jahre später ins Owens Valley zurückkehrte, war er entsetzt. Die Wasserreserven des Valley waren für die Versorgung der wachsenden Stadt Los Angeles herangezogen worden und das Tal, in dem zuvor Landwirtschaft betrieben worden war, verdorrte mehr und mehr. Father Crowley, nach dem auch der Lake Crowley benannt ist, lebte nun bis zu seinem Tod in Lone Pine. In dieser Zeit machte er es sich zur Lebensaufgabe, das Owens Valley und seine Bewohner zu retten. Er sorgte dafür, dass die Filmindustrie hier zahlreiche weltberühmte Western drehte und der Tourismus auf die Region aufmerksam wurde. Mit vielen bekannten Schauspielern wie Cary Grant, Victor McLaglen oder Douglas Fairbanks jr. war er befreundet. Ein weiteres seiner Ziele war, die Bewohner über alle konfessionellen Grenzen hinweg zu vereinen. So wurde er »The Padre« und hielt sonntags Messen in Lone Pine und in Bishop. Über 200 Kolumnen seiner humorvollen und menschlichen »Sage and Tumbleweed«-Geschichten erschienen in jener Zeit in der Presse.

Nur durch eine drastische Maßnahme erreichte er den Bau eines Staudammes, der seitdem das Tal mit Wasser versorgt: Er schloss den Chefingenieur aus Los Angeles in einem Besprechungszimmer so lange ein, bis dieser dem Bau zustimmte.

Father John J. Crowley starb 1940 bei einem Autounfall.

Durch das Owens Valley

Wir kommen über den Highway 136 ins Owens Valley und fahren auf dem Weg nach Lone Pine ein gutes Stück am ausgetrockneten Salzsee, dem Owens Lake, entlang.

Das Owens Valley ist das tiefste Tal in Nordamerika, mit einem Niveauunterschied von 3282 Metern zwischen dem Gipfel des Mount Whitney und dem immerhin noch auf 1136 Meter liegenden Lone Pine. Die horizontale Entfernung beträgt dabei nur 20 Kilometer. Bis 1913 das Los-Angeles-Aquädukt in Betrieb genommen wurde, das die Zuflüsse des Mono Lake über eine 370-km-Pipeline nach Los Angeles ableitet, war das Tal so fruchtbar, dass es hier viele Apfelplantagen gab. Die Farmer leisteten gegen diese Leitung denn auch heftigen Widerstand, doch erst 1990 kam es zu einem endgültigen außergerichtlichen Vergleich. Seit 2006 fließt wieder eine Fünf-Prozent-Restmenge des Wassers in den Owens River.

In Lone Pine sollten Sie das neu erbaute Visitor Center besuchen. Lassen Sie sich dort unbedingt einen Plan für die Alabama Hills geben.

Eine große Chuckwalla Echse wärmt sich im Sonnenlicht.

Für einen Abstecher in die Alabama Hills biegen wir im Ort links auf die Whitney Portal Road ab und nach ca. 2,5 Meilen (4 km) rechts auf die unbefestigte Movie Road und fahren in die Alabama Hills. Bis zum Trailhead zum Mobius Arch sollte es mit dem Wohnmobil keine Probleme geben, weiter sollten Sie allerdings nicht fahren, die Straße wird dann immer mehr zu einer Offroad-Piste.

Die Bögen in den Alabama Hills bestehen im Gegensatz zu den Arches im Südwesten nicht aus Sandstein oder Slickrock, sondern aus rund 90 Mio. Jahre altem Granit. Wind, Wasser und Eis haben den Fels gesprengt und

In den Alabama Hills sind die Felsen aus Granit.

Der Mobius Arch mit dem höchsten Berg der USA, dem Mount Whitney

so Löcher ausgewaschen und ausgehöhlt. Das umliegende orangefarbene Owens-Valley-Gestein ist noch älteren Datums (ca. 150–200 Mio. Jahre) und vulkanischen Ursprungs.

Zurück in Lone Pine, fahren wir auf dem Highway 395 weiter nach Norden bis Big Pine. Hier biegen wir auf den Highway 168

» WISSENSWERT

Der Name »Alabama Hills« geht zurück auf die Zeit des Bürgerkriegs, als Minenarbeiter diese Gegend nach einem bekannten Kriegsschiff der Konföderierten (C.S.S. Alabama) benannten. Anfang der 1920er-Jahre entdeckten die Filmindustrie und die Werbebranche diese interessante Landschaft. Bis heute wurden hier unzählige Werbespots, Hollywood-Blockbuster und so manch bedeutender Streifen gedreht. Zu den bekanntesten zählen »Maverick«, »GI Jane« und »Gladiator«. Für Interessierte gibt es in Lone Pine ein kleines Filmmuseum.

nach Westen, um die ältesten Lebewesen der Welt zu besuchen. Dazu müssen wir hoch hinauf in die White Mountains in den Ancient Bristlecone Pine Forest.

Hier, in der dünnen und klaren Luft auf über 3000 Meter Höhe, wachsen die Bristlecone Pines (Fuchsschwanz-Kiefern) auf äußerst kargem Boden. Die Bäume wachsen nur sehr langsam, etwa 2,5 Zentimeter in 100 Jahren. Eigenartigerweise werden die Bäume am ältesten, die die härtesten Bedingungen an ihrem Standort haben.

Am Parkplatz Schulman Grove starten zwei Wanderwege. Das Visitor Center ist leider im September 2008 abgebrannt, soll aber wieder aufgebaut werden.

Achtung: Die 18 Kilometer weiter entfernte zweite Sektion, Patriarch Grove, ist für Wohnmobile nicht geeignet.

Big Pine ist auch der Ausgangspunkt zum südlichsten Gletscher der USA, dem Palisade Glacier. Ausgangspunkt für viele markierte

» WISSENSWERT

Dr. Edmund Schulman, ein Wissenschaftler der Universität von Arizona, untersuchte die Bristlecone Pines in den 1950er-Jahren. Er bestimmte ihr Alter mit über 4700 Jahren und entdeckte somit, dass es sich um die ältesten Lebewesen unseres Planeten handelt. Die Bäume dienen heute als Eichstandard in der Radiocarbonmethode. Diese Technik, auch C14-Methode genannt, wird in der Archäologie und der Archäobotanik angewendet, um das Alter von organischen Materialien unserer Erde zu bestimmen. Hiermit können Alter bis ca. 50 000 Jahre bestimmt werden.

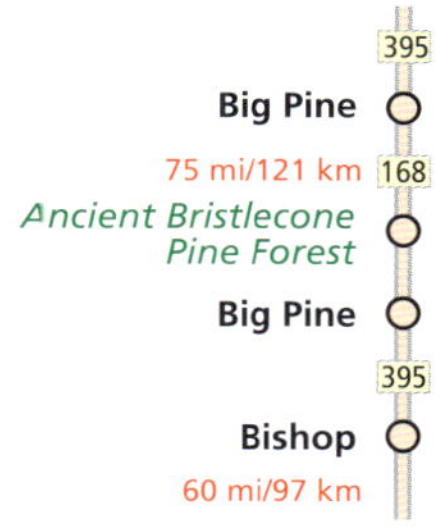

Vielleicht eine Originalnotiz von Dr. Schulman?

Wanderwege ist die 10 Meilen (16 km) lange und sehr steile Glacier Lodge Road, die jedoch für Wohnmobile nicht zu empfehlen ist.

Zurück in Big Pine setzen wir die Fahrt nach Norden fort bis Bishop. Hier empfehle ich Ihnen einen Besuch der Mountain Light Gallery. Sie liegt direkt an der Hauptstraße (106 South Main Street) von Bishop. Galen und Barbara Rowell waren fantastische Naturfotografen, die tragischerweise 2002 tödlich verunglückten. In der Galerie sind Arbeiten von ihnen, die auf der ganzen Welt entstanden, ausgestellt. Besonders interessant sind natürlich die fantastischen Bilder aus dieser Gegend, ihrer Heimat, der Eastern Sierra, die sie besonders geliebt haben.

Die Fahrt geht, vorbei am Lake Crowley, weiter nach Mammoth Lakes, einem bekannten und beliebten Wintersportort. Doch auch

Bristlecone Pines sind die ältesten Lebewesen auf unserem Planeten.

Oben: Die Seen bei Mammoth Lakes sind besonders bei Anglern beliebt.

Unten: Basaltsäulen im Devils Postpile National Park

im Sommer gibt es hier einiges zu entdecken. Insgesamt liegen hier mehr als 100 große und kleine Seen in der Umgebung verstreut, die glasklar, unverschmutzt und von traumhaft schöner grünblauer Farbe sind. Außerdem ist Mammoth Lakes ein Mekka für Mountainbiker.

Ein weiteres Juwel ist das Devils Postpile National Monument. Das kleine Schutzgebiet liegt im Reds Meadow Valley, einem Hochtal an der Westflanke der Sierra Nevada. Es ist aufgrund seiner Lage im Hochgebirge nur wenige Monate im Jahr, zwischen Juni und Oktober, zugänglich; die Zufahrt erfolgt mit Shuttlebussen. Nach einem kurzen Fußweg steht man vor einem 20 Meter hohen Kliff aus regelmäßigen schwarzen Basaltsäulen. Diese gehen auf einen Lavastrom zurück, der bei einem Vulkanausbruch vor rund 100 000 Jahren etwa drei Kilometer oberhalb des heutigen Gebietes austrat. Er floss in ein ursprünglich nicht ganz 150 Meter tiefes Becken und kühlte darin langsam aus. Durch das langsame und gleichmäßige Erstarren der Lava zu Basalt entstanden die sechseckigen Säulen. In der letzten Eiszeit vor etwa 10 000 Jahren wurde das Tal von einem Gletscher ausgeschliffen und die Säulen von der Seite und der Oberseite her freigelegt. Durch die Erosion sind heute noch rund 20 Meter vom Boden der ursprünglichen Formation erhalten.

Vom Rainbow Falls Trailhead ist der Wasserfall in einem kurzen Fußmarsch von 1,3 Meilen (3 km; einfach) zu erreichen. Hier stürzt der San Joaquin River über eine Stufe aus Vulkangestein 30 Meter in die Tiefe. Leider sind hier große Teile des Waldes abgebrannt.

Nachdem wir in Mammoth Lakes unsere Vorräte aufgefrischt haben, geht es auf dem Highway 395 weiter nach Norden. Unser nächstes Ziel ist der Mono Lake.

Kurz hinter Mammoth Lakes verlassen wir den Highway 395 für einen Abstecher zum June Lake Drive, Scenic Byway 158. Hier reiht sich ein See an den anderen. Nach dem June Lake kommt der Gull Lake dann der Silver Lake und als letzter und größter der Grant Lake. Diese romantischen Seen, im Schatten des Mammoth Mountain, sind besonders bei Anglern beliebt.

Hinter Lee Vining liegt das neu erbaute Visitor Center, das einen traumhaften Blick über den See bietet. Die schönsten Tuffsteinformationen findet man in der South Tufa Area. Dazu biegen Sie hinter June Lake Junction auf den Highway 120 ab.

Der Mono Lake ist mit einer Wasserfläche von 155 Quadratkilometern der weltgrößte Kratersee. Er liegt auf rund 1945 Meter Höhe und hat zwei Inseln. Die kleinere und dunkel gefärbte Negit-Insel ist vulkanischen Ursprungs und rund 2000 Jahre alt. Die größere und hellere Paoha-Insel wurde von aufsteigendem Magma geschaffen.

Das Wasser des Mono Lake besitzt einen pH-Wert von 10 und einen sich mit dem Wasserspiegel verändernden hohen Salzgehalt. Der See ist ungefähr dreimal salziger als das Meer. Das Besondere an ihm ist, dass im Gegensatz zu den meisten anderen Salzseen auf dieser Welt Algen in ihm leben. Sie vermehren sich millionenfach und verfärben den See im Winter von blau nach grün. Von den Algen ernähren sich kleine endemische Krebse, die den Wasservögeln wiederum als Nahrung dienen.

Aus dem Wasser ragen bizarre Tuffsteingebilde, die sogenannten Tufas, heraus. Diese entstehen dadurch, dass aus Quellen am Seegrund kalziumhaltiges Süßwasser austritt. Das Kalzium des Süßwassers reagiert mit dem Karbonat des Seewassers und um die Quelle herum entsteht ein Kalkrand, der über die Jahre nach oben wächst, bis er die Wasseroberfläche erreicht hat. Hier endet sein Wachstum, da kein weiteres Karbonat an der Wasseroberfläche verfügbar ist.

Aufgrund des gewaltigen Wasserbedarfs von Los Angeles ist der Wasserspiegel des Mono Lake von 1941 bis 1994 um 15 Meter gesunken. Dadurch wurden eine Vielzahl von Tufas freigelegt, die heute eine faszinierende Attraktion des Sees ausmachen.

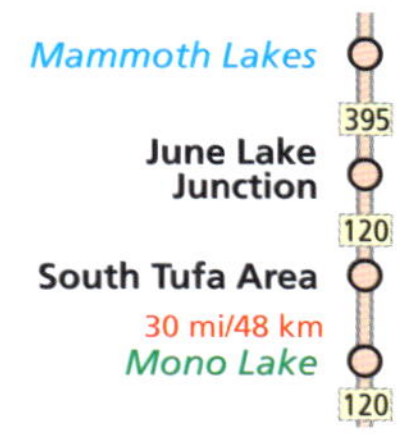

Morgenstimmung am Mono Lake

Bodie – »die wildeste Stadt die der Westen je gesehen hat«

Nach langem Bemühen von Umweltschützern erließ die kalifornische Behörde für Wasserressourcen im September 1994 eine Verordnung zum Schutz des Mono Lake und seiner Nebenflüsse. Seitdem hat sich der Wasserspiegel stabilisiert und ist wieder etwas angestiegen. Mittlerweile wurde der Mono Lake mit samt seinen Ufern als Mono Lake Basin National Forest unter Schutz gestellt.

Wieder zurück auf dem Highway 395 fahren wir den Conway-Pass hinauf bis zur Abzweigung des Highway 270. Unser nächstes Ziel ist der Bodie State Historic Park, eine Geisterstadt auf 2553 Meter Höhe. Die letzten drei Meilen (5 km) geht es über eine in der Regel gut zu befahrende Schotterstraße, die auch für Wohnmobile kein Problem darstellt, wenn kein Schnee mehr liegt.

Das ehemalige Hotel in Bodie

» INFORMATION

Bodie State Historic Park, P.O. Box 515, Bridgeport, CA 93517, Tel. 619-647-64 45, http://www.bodie.net

Glaubt man den zeitgenössischen Berichten, so war Bodie seinerzeit die wildeste und gesetzloseste Stadt, die der Westen je gesehen hat. Nachdem William Bodey hier 1859 Gold gefunden hatte, lebten bereits 1880 über 10 000 Personen an dem Ort! Die Grube warf im Laufe der Jahre allerdings immer weniger Profit ab, und so ging die Bevölkerung zurück, bis die Stadt schließlich im Jahre 1930 ganz verlassen wurde. Durch ein Feuer wurde ein Großteil der Häuser vernichtet. Heute stehen noch 170 Gebäude, das entspricht in etwa 10 % der ursprünglichen Stadt.

Seit 1962 wird Bodie im vorgefundenen Zustand liebevoll gepflegt und konserviert. Heute ist der Ort ein Historic State Park und gilt als die besterhaltene Geisterstadt der USA.

Ausflug zum Lake Tahoe

Wenn Sie noch etwas Zeit haben, sollten Sie einen Ausflug zum kristallklaren türkisblauen Lake (See) Tahoe unternehmen. Ab der Abzweigung nach Bodie auf dem Highway 395 sind es etwa 86 Meilen (140 km) nach Norden bis zum See. Ingesamt beträgt die Strecke et-

wa 160 Meilen (260 km) und Sie sollten dafür zwei Tage einplanen. Tipp: Tanken Sie vorher in Nevada, dort ist der Sprit deutlich billiger!

Der knapp 500 Quadratkilometer große See befindet sich auf einer Höhe von 1898 Meter und wird deshalb auch »Lake in the sky« genannt. Er liegt idyllisch eingebettet zwischen den Ostausläufern der High Sierra Nevada und der Carson Range und zählt zu schönsten Bergseen der USA. Mit 501 Meter an seiner tiefsten Stelle ist er der zweittiefste See Amerikas. Seine 116 Kilometer lange Uferlinie teilt sich wie folgt auf: Zwei Drittel des Sees liegen auf kalifornischem Staatsgebiet, ein Drittel – die Ostseite – gehört zu Nevada. Eine Rundfahrt auf dem See mit einem der beiden Ausflugsschiffe (Raddampfer) sollten Sie sich nicht entgehen lassen. Von South Lake Tahoe aus verkehrt die Tahoe Queen und von Zephr Cove (gut 10 km nördlich von South Lake Tahoe) aus sticht die M.S. Dixie II zweimal am Tag zur Emerald Bay in See.

Das Gebiet ist ein Eldorado für Sportbegeisterte. Im Sommer bieten sich alle erdenklichen Wassersportarten an, dazu Wanderungen und Mountainbiketouren in den umliegenden Bergen. Oder man entspannt sich an einem der zahlreichen Strände und genießt das schöne Ambiente. Schwimmen im See ist allerdings nur für abgehärtete Besucher ratsam, da das Wasser das ganze Jahr über relativ kalt ist. Im Winter kommen hier Skifahrer und Snowboarder in einem der zahlreichen Skiresorts auf ihre Kosten. Mit fast neun Meter Schnee im Winter ist das Gebiet absolut schneesicher. Der bekannteste Wintersportort in der Lake-Tahoe-Region ist Squaw Valley: Einst heilige Stätte und Jagdgrund der Washoe-Indianer, war das Squaw Valley Ski Resort 1960 Ausrichter der VIII. Olympischen Winterspiele.

Schon Mark Twain schwärmte vom Lake Tahoe als dem himmlischen »Lake in the Sky«.

Im Herbst ziehen Kokanee Salmons in den Lake Tahoe. Diese Art Lachse lebt und vermehrt sich in Seen und ist wesentlich kleiner als Meerlachse.

Sonnenaufgang
am Lake Tahoe

Der mächtige Granitmonolit des Half Dome mit dem Merced River

Wir starten unsere Rundfahrt um den See in South Lake Tahoe und erreichen als Erstes den Inspiration Point an der Südseite der Emerald Bay. Von hier hat man einen wunderschönen Blick durch den Wald auf die Bucht und die einzige Insel im See, Fanette Island. Im Emerald Bay State Park gibt es wunderschöne Wanderwege und zahllose Fotomotive. An der Spitze der Bucht steht Vikingsholm, der Nachbau einer Normannenfestung aus dem 11. Jahrhundert, inmitten von majestätisch aufragenden Pinien und Zedern. Das Schloss wurde als Sommerresidenz von Mrs. Lora Josephine Knight im Jahre 1929 erbaut. Von der Emerald Bay führt auch ein Weg zum Eagle Creek, der über den gleichnamigen Wasserfall 460 Meter tief in den Lake Tahoe donnert. Ein paar Meilen weiter nördlich erreichen wir den D. L. Bliss State Park mit seinen besonders schönen Stränden. Dieses Gebiet war früher im Privatbesitz der Familie Bliss, die ihren Reichtum als Bankiers und Eisenbahnbesitzer erwirtschaftete. 1929 spendete die Familie 744 Hektar ihres Landes dem Staat Kalifornien zur Errichtung eines State Parks.

In der Nähe des Örtchens Incline Village lag übrigens die berühmte Ponderosa-Ranch aus der Fernsehserie Bonanza nebst nachgebauter Westernstadt. Sie ist jedoch seit 2004, nach dem Verkauf des Grundstückes, geschlossen und kann nicht mehr besichtigt werden.

Kurz bevor wir wieder kalifornischen Boden unter die Räder nehmen, passieren wir die Stadt Stateline, die inzwischen nahtlos mit South Lake Tahoe zusammengewachsen ist. Allerdings mit dem Unterschied, dass in den riesigen Hotels von Stateline rund um die Uhr der Casinobetrieb läuft, da in Nevada im Gegensatz zu Kalifornien das Glücksspiel erlaubt ist.

Zum Abschluss dieses Ausfluges bietet sich noch eine Fahrt mit der Seilbahn Heavenly Aerial Tram an. Die Gondel bringt Sie in fünf Minuten auf eine Höhe von 700 Meter über dem See, von wo aus man einen fantastischen Blick auf den See und auf die Sierra Nevada hat.

Zum Yosemite National Park

Wir fahren zurück auf den Highway 395, diesmal nach Süden. Von der Aussichtskurve des Conway-Passes genießen wir einen traumhaften Ausblick auf den Mono Lake. Hinter Lee Vining biegen wir rechts auf die Tioga Pass Road (Hw. 120) ab und fahren zum Yosemite National Park.

» INFORMATION

Bevor Sie in den Yosemite National Park fahren, sollten Sie noch einmal tanken, denn dort ist das Benzin deutlich teurer. Da der Park einer der beliebtesten in den USA ist, ist auch der Andrang enorm. An manchen Tagen kommt man nur per Stop-and-go voran. Außerdem gibt es viel zu wenig Campingplätze. Sollten Sie noch keine Reservierung (im Internet unter http://www.nps.gov/yose/planyourvisit/camping.htm) haben, fragen Sie so früh wie möglich an einer Rancher-Station nach freien Plätzen.

»Ahwahnee«, ein vor Staunen geöffneter Mund, diesen Namen gaben die Indianer ursprünglich Yosemite. Dem kann ich mich nur anschließen.

Der Naturschützer John Muir, geistiger Vater des Nationalparks, prägte für das Yosemite Valley den Begriff »The Incomparable Valley«, das unvergleichliche Tal. Unter Geologen gilt die Region als ein Musterbeispiel für das Entstehen und Vergehen von Gletschern. Während der vergangenen eine Million Jahre haben sie den ehemals V-förmigen Canyon des Merced River glatt geschliffen und in einen hufeisenförmigen Talkessel verwandelt. Millionen von Touristen bestaunen jedes Jahr die Granitfelsen El Capitan oder Half Dome und vor allem die unzähligen Wasserfälle, die nach der Schneeschmelze im Frühjahr zu Tal stürzen. Vier große Wasserfälle haben den Park berühmt gemacht, und die Bilder vom Yosemite, Vernal, Nevada oder Bridalveil Fall sind ein fester Bestandteil amerikanischer Landschaftsbilder.

» INFORMATION

Parken Sie möglichst schon deutlich vor dem Village Ihr Wohnmobil, denn stressfreier ist man mit dem kostenlosen Shuttlebus unterwegs.

Die gewaltigen senkrechten Granitwände des El Capitan oder Half Dome sind ein Paradies für Kletterer. Sieht man die Bergsportler in der Wand, werden einem erst die Dimensionen dieser Felskolosse bewusst. Im Tal gurgelt der klare Merced River und lädt an heißen Tagen zum Baden ein.

Abseits der Naturschönheiten lohnt es sich – auch für Nichtfotografen –, im Village der Ansel Adams Gallery einen Besuch abzustatten. Ansel Adams (1902–1984) zählte bereits zu Lebzeiten zu den wichtigsten US-amerikanischen Fotografen des 20. Jahrhunderts. Sein Name, der mittlerweile untrennbar mit der fotografischen Dokumentation und der Bewahrung der Nationalparks und National Monu-

395
Lee Vining
Tioga Pass Road 270
50 mi/80 km
Yosemite Village

Das noble Ahwahnee Hotel im Yosemite National Park

Oben: El Capitan ist mit 989 m der massivste Granitdom der Welt und ein Paradies für Topkletterer.
Unten: Am Olmsted Point sind aus der letzten Eiszeit riesige Findlinge zurückgeblieben.

ments im Westen der USA verbunden ist, wurde gleichermaßen zum Synonym wie zum Etikett für eine technisch versierte, qualitativ hochstehende Natur- und Landschaftsfotografie, die bereits zu seinen Lebzeiten umfangreich kommerzialisiert wurde.

Als Zehnjähriger erkrankte Ansel an Masern und musste für zwei Wochen in einem abgedunkelten Zimmer das Bett hüten. Zum Zeitvertreib erklärte ihm der Vater seine Bullseye-Boxkamera von Kodak und das uralte Prinzip der Camera obscura, das dahinterstand, und weckte damit erstmals das Interesse des Jungen an der Fotografie. 1916 fuhr er zum ersten Mal zusammen mit seinen Eltern in den Yosemite-Nationalpark. Für diese Reise schenkte ihm der Vater eine »Brownie Bullseye«-Boxkamera von Kodak, seine erste eigene Kamera. Leidenschaftlich begann er zu fotografieren und alles festzuhalten, was ihm vor die Linse kam.

Neben der Fotografie hatte er eine zweite Leidenschaft: die Musik. Lange Zeit überlegte er, ob er eine Karriere als Konzertpianist einschlagen sollte. Ab 1930 arbeitete Adams als professioneller Fotograf. Um zu überleben, nahm er jeden Auftrag an und machte alles vom Katalog bis zum Industriereport, von Architektur- bis zu Porträtfotos.

1928 heiratete Ansel Adams seine Jugendliebe Virginia Rose Best in Yosemite. Virginia war die 1904 geborene Tochter von Harry Best, einem ortsansässigen Landschaftsmaler, der Gemälde, Holzschnitzereien und Souvenirs in einem eigenen Studio mit Shop im Yosemite-Park verkaufte. Als Virginias Vater Harry Best 1936 überraschend starb, übernahm sie dessen Ladenatelier in Yosemite.

Im Frühjahr 1941 erhielt Adams ein Schreiben des damaligen US-Innenministers Harold L. Ickes mit der Bitte, die Nationalparks in den Vereinigten Staaten zu fotografieren, um davon Wandbilder für das Ministerium zu erstellen; etwa zur gleichen Zeit beauftragte ihn die U.S. Potash Company in Carlsbad, New Mexico, die Kali-Minen in der Nähe von Carlsbad zu fotografieren.

Nach Kriegsende bewarb sich Adams bei der John-Simon-Guggenheim-Stiftung um ein Fellowship (Stipendium), damit er seine Arbeit in den Nationalparks für ein eigenes Buchprojekt fortsetzen konnte. Adams erhielt das Guggenheim-Stipendium zweimal: 1946 und 1948.

Ansel Adams unterrichtete und veranstaltete bis ins hohe Alter zahlreiche Workshops, in denen er über sein Zonensystem und andere Erkenntnisse in Theorie und Praxis der Fotografie dozierte. In diesem Kontext entstanden auch zahlreiche Lehrbücher zur Fototechnik.

Am Glacier Point hat man eine fantastische Übersicht über das Tal und das gesamte Felspanorama. Besonders schön ist der Blick bei Sonnenuntergang.

Einen Besuch wert sind auf alle Fälle auch die über 100 Meter hohen Mammutbäume in

Vom Village aus kann man auf einem Wanderweg den Upper und Lower Yosemite Fall erkunden.

Unterwegs auf der Tioga Road im Yosemite National Park

140
Merced
59
152
El Nido
156
Hollister
Castroville
185 mi/298 km 1
Moss Landing
20 mi/32 km 1
Monterey
30 mi/48 km 1

der Mariposa Grove. Über 500 ausgewachsene Bäume sollen hier stehen. Diese Riesenmammutbäume (Sequoia gigantea) wachsen nur an den Westhängen der Sierra Nevada und sind nicht mit den ihnen artverwandten, aber höheren und schlankeren Redwoods (Sequoia sempervirens) an der Pazifikküste zu verwechseln.

Möchten Sie noch mehr Riesenmammutbäume sehen, so sollten Sie einen Abstecher zu den Nationalparks Kings Canyon und Sequoia unternehmen. Das Gebiet der Parks erstreckt sich von etwa 412 bis auf 4418 Meter Höhe. Diese unterschiedlichen Höhenlagen haben eine riesige Vielfalt an Fauna und Flora geschaffen – vom heißen und trockenen Tiefland im westlichen Teil der Parks bis hin zu den schneebedeckten Gipfeln der Sierra Nevada. Hierdurch konnten sich im Gebiet der Nationalparks über 1200 verschiedene Arten, die alleine über 20 % der in Kalifornien vorkommenden Pflanzenarten ausmachen, ansiedeln. Dazu gehören nicht nur die berühmten Riesensequoias, sondern auch andere Bäume, Sträucher, Gräser und Blumen. Hier wächst im Giant Forest der 84 Meter hohe »General Sherman«. Er gilt als das größte Lebewesen der Welt, nicht aber als das höchste. Küstensequoien werden deutlich höher, sie sind jedoch von wesentlich schlankerem Wuchs.

Aufgrund ihrer Vielfältigkeit bieten die beiden Nationalparks eine große Anzahl möglicher Aktivitäten. Sie reichen von Wandern und Bergsteigen über Fischen bis zu Tierbeobachtungen und Reiten. Die Wanderwege reichen von kurzen Spaziergängen bis hin zu Mehrtageswanderungen. Im Giant Forest sowie in der Grant und der Cedar Grove sind viele kurze Spazierwege und einige Lehrpfade angelegt.

Vom Yosemite National Park an die Pazifikküste

Über den Highway 140 verlassen wir den Nationalpark und fahren bis Merced. Die Fahrt geht durch das Central Valley, das geprägt ist durch riesige Farmen mit Grasland und kleinen Eichenwäldchen. Weiter südlich wird Obst, Gemüse und vor allem Wein angebaut. In Merced geht es in südlicher Richtung auf dem Highway 59/152 bis nach El Nido. Dort folgen wir dem gut ausgebauten Highway 152/156 über Hollister nach Castroville. Hier biegen wir ab auf den Highway 1 nach Moss Landing und zur Monterey Bay.

In Moss Landing, einem kleinen Fischer-

» INFORMATION

Monterey Bay Aquarium, 886 Cannery Row, Monterey, CA 93940, Tel. 831-648-48 00, www.montereybayaquarium.org

Der Leuchtturm von Point Pinos

ort, hat man beste Chancen, Seeotter, Robben und Seelöwen am Strand und im Wasser zu beobachten.

Von nun an gibt es nur noch eine Richtung: immer nach Süden auf dem Highway 1.

Monterey war Ende des 18. und Anfang des 19. Jahrhunderts ein wichtiger Fischerei- und Walfanghafen, heute hat sich der Ort dem Naturschutz verschreiben, speziell dem Schutz der Bay. Mit Erfolg. Waren Seeotter Anfang des 20. Jahrhunderts, aufgrund ihres wertvollen Pelzes, fast ausgerottet, so haben sich die Bestände inzwischen wieder gut erholt. In Monterey bietet sich der Besuch des weltberühmten Aquariums am Anfang der Cannery Row an. Es ist eines der größten öffentlichen Schauaquarien weltweit. Mit seinen mehr als 6500 Meeresbewohnern, darunter Haie, Seeotter, Wale und Quallen, ist es die Attraktion der Stadt und ein »Must see« auf der Route des legendären Highway No. 1!

Am nördlichsten Punkt der Monterey-Halbinsel steht das Point Pinos Lighthouse, das bis 1955 in Betrieb war und heute ein kleines Museum beherbergt.

Bevor wir uns zur Big-Sur-Küste aufmachen und über die berühmte Bogenbrücke Bixby Bridge fahren, sollten noch mal die Vorräte aufgefüllt werden. Die nächste Tankstelle ist erst in Gorda.

Die Küstenstraße (Hw. 1) ist ein Erlebnis für sich. Ständig wechselt die Aussicht auf Buchten, die Steilküste und Wellen, die sich an den Felsen brechen. Mit etwas Glück (und der richtigen Jahreszeit) sieht man sogar vorbeiziehende Wale.

Henry Miller, der sich in den 1940er-Jahren hierher zurückgezogen hatte, schrieb in seinem Roman »Big Sur und die Orangen des Hieronymus Bosch«: Big Sur sei »das Gesicht der Erde, wie es der Schöpfer haben wollte«.

Monterey war früher ein wichtiger Fischerei- und Walfanghafen.

» INFORMATION

Leider haben die verheerenden Waldbrände im Juni/Juli 2008 und eine Schlammlawine im April 2009 große Teile der Landschaft verwüstet. Bei meinem letzten Aufenthalt im Mai 2009 waren alle State Parks östlich des Highways und damit alle Campingplätze geschlossen. Nur auf den wenigen privaten Plätzen konnte man einen Platz bekommen. Das Schlafen in einem Fahrzeug auf einem der Parkplätze ist streng verboten und wird mit hohem Bußgeld geahndet.

Besonders sehenswert sind neben der Küste selbst die McWay Falls im Julia Pfeiffer Burns State Park. Sie sind die einzigen Wasserfälle, die direkt ins Meer bzw. an den Strand fließen. Um 1920 kauften Helen Hooper Brown und ihr Ehemann, der New Yorker Kongressabgeordnete Lathrop Brown, die McWay's Saddle Rock Ranch. Sie wohnten in einem großzügigen herrschaftlichen Haus direkt an der Steilküste, mit terrassenförmig angelegten Gärten und mit Blick auf den Wasserfall. In einem Nebengebäude erzeugte eine Pelton-Turbine Strom. Nur dieses Gebäude ist heute noch erhalten. Im Jahr 1961 spendete Helen Hooper Brown das gesamte Land – rund 1800 Hektar Fläche – dem Staat Kalifornien für einen öffentlichen Park – allerdings unter der Bedingung, dass dieser nach Julia Pfeiffer Burns benannt werden sollte, mit der sie eng befreundet war und die sie für einen » echten Pionier« hielt. Julia Pfeiffer wurde 1868 geboren und bewirtschaftete mit ihrem Mann ein paar Meilen südlich des McWay Creek eine Rinderfarm.

Hearst Castle, Kaliforniens »Neuschwanstein« – ein kurioses Gemisch aus römischer Villa, spanischer Ritterburg, maurischem Schloss und Renaissance-Kathedrale –, thront oberhalb des Dorfes San Simeon über dem Pazifik. Amerikas ehemals berühmtester und mächtigster Zeitungsverleger, William Randolph Hearst, begann 1919 mit dem Bau des Schlosses. Als er 1951 starb, war es immer noch nicht fertig, aber schon recht imposant. Die 165 Räume und Salons wurden mit den erlesensten Antiquitäten Europas ausgestattet. Im Casa Grande, dem Haupthaus, ist ein Teil der Kunstgegenstände des Sammlers Hearst ausgestellt: Gobelins, Gemälde, alte Möbel (darunter das Bett von Richelieu) und kirchliche Kunst aus dem alten Europa. Vom Parkplatz geht es mit dem Shuttlebus auf den Hügel zu dem 488 Meter hoch gelegenen Schloss hinauf.

Bei Morro Bay verlassen wir die Küste und fahren auf dem Highway 101 über Santa Barbara zurück nach Los Angeles.

Big Sur
38 mi/61 km 1
Gorda
250 mi/402 km 1
Pacific Coast Highway 101
Los Angeles
Ziel

Linke Seite: Traumstrand an der Big Sur Küste – leider unzugänglich!

Rast am Strand von Monterey

» THE WAVE

Auch wenn der Weg zur Wave sehr anstrengend ist, der Anblick dieser feinen Strukturen entschädigt für alle Strapazen.

THE WAVE

Meine erste Begegnung mit »The Wave« hatte ich, als ich ein Bild auf einem Buchcover davon sah. Ich war sofort begeistert von den Farben, den Linien und der feinen Felsstruktur. Das Buch selbst »Faszination Natur – Die schönsten Landschaften der Erde« von Gogol Lobmayr, bekam ich dann zum nächsten Geburtstag geschenkt. Doch meine Hoffnung, dass im Buch die genaue geografische Lage der »Wellen« beschrieben würde, erwies sich leider als Irrtum. Auch waren damals (1996) im Internet noch keine Hinweise darauf zu finden.

Im Buch ist die Gegend folgendermaßen beschrieben: »Trotz ihrer außergewöhnlichen Schönheit und Anmut blieben die Paria Sandhills bis heute kaum bekannt und wenig besucht. Auf halbem Weg zwischen Kanab und Page liegen sie mehr als zwei Marschstunden vom nächsten Parkplatz entfernt inmitten einer Traumwelt aus rotem Fels und gelber Wüste. Deutlicher als alle anderen Landschaften im Südwesten der Vereinigten Staaten zeigen sie, dass diese Region einst am Grund eines Meeres gelegen hat. In den runden Formen der dünnen, zerbrechlichen Schichtung seiner Felsen scheinen die urzeitlichen Wellen und Strömungen zu Stein geronnen. Als der amerikanische Präsident Bill Clinton im Spätsommer 1996 einen großen Teil dieses Landes zum Grand Staircase-Escalante National Monument erhob, zitierte er den Präsidenten Theodore Roosevelt mit eben jenen Worten, mit denen dieser fast achtzig Jahre zuvor den Grand Canyon zum Nationalpark erklärte: ›Wir können ihn nicht verbessern. Alles, was wir tun können, ist ihn bewahren – für unsere Kinder, deren Kinder und alle, die folgen werden.‹«

Dieser Beschreibung der Landschaft ist nichts hinzuzufügen, aber die Wegbeschreibung und der Zugang zur ihr haben mich dann noch etliche Jahre gekostet. In der Zwischenzeit tauchten immer öfter Bilder in Zeitschriften und Hochglanzmagazinen auf, betitelt als »The Wave« und immer mit sehr vagen Ortsangaben. Meine Recherchen blieben erfolglos und auch der Name Paria – den man auf den Karten immer wieder findet – half nicht weiter.

In den folgenden Jahren führten mich meine Reisen und Projekte in andere Länder, und so verlor ich die Welle erst einmal wieder aus den Augen. Erst als die Vorbereitungen für dieses Buch begannen, keimte der alte Wunsch in mir wieder auf, diesen für mich wahrlich magischen Ort zu finden.

Rast im Schatten der Wave

In der Zwischenzeit hat sich einiges verändert, The Wave ist kein Geheimtipp mehr unter ein paar verrückten Fotografen, sondern mittlerweile regelrecht überlaufen. Schon bald jeder Südwesttourist möchte sie live und nicht nur auf Bildern und Postkarten sehen. Um diese fragilen versteinerten Sandsteinschichten vor zu vielen Trekkingschuhen zu schützen, hat das BLM (Bureau of Land Management) daher ein Lotterieverfahren eingeführt, das täglich nur 20 Personen den Zutritt gestattet. Dabei werden jeweils zehn Permits online verlost und weitere zehn am Vortag vor Ort vergeben.

Online-Permits

Nachdem der BLM-Server regelmäßig am Anfang des Monats unter den vielen Anfragen zusammenbrach, wurde dringend ein neues Verfahren benötigt Teilweise versuchten bis zu 2000 Personen gleichzeitig, ein Permit zu ergattern. Seit Mai 2007 ist nun das neue Buchungssystem (permit lottery) installiert, bei dem man vier Monate im Voraus seine Wunschtermine eintragen kann. Wer z. B. eine Berechtigung für den Oktober möchte, muss den Antrag zwischen dem 1. und 30. Juni ausgefüllt haben. Es können bis zu drei verschiedene Termine eingetragen werden, zugelost wird jedoch nur einer. Die maximale Gruppengröße beträgt sechs Personen. Um an der Verlosung teilzunehmen, ist eine Gebühr von fünf Dollar zu entrichten. Wer bei der Lotterie leer ausgeht, bekommt dieses Geld nicht wieder zurück. Alle Teilnehmer werden benachrichtigt, die Gewinner erhalten zusätzlich zu

Linke Seite: Das Los entscheidet: Nur 20 Personen pro Tag erhalten eine Erlaubnis die Wave zu erwandern.

ihren Berechtigungsausweisen noch die notwendigen Informationen wie die Wegbeschreibung und Kartenausschnitte.

Anleitung für ein Online-Permit:

1. Rufen Sie die Seite des BLM auf: https://www.blm.gov/az/paria/obtainpermits.cfm?usearea=CB
2. Klicken Sie unter **Coyote Buttes North** den Link **lottery application** an.
3. Nach der Eingabe des Sicherheitscodes, des Vor- und Nachnamens, der E-Mail-Adresse sowie der »number in party« (Gruppengröße) und Ihrer drei Wunschtermine können Sie das Antragsformular abschicken.
   Es werden fünf Dollar pro Eintrag (request) verrechnet, unabhängig davon, ob einer der drei angegebenen Wunschtermine bei der Ziehung erfolgreich ist oder nicht. Pro »request« kann sich eine Einzelperson oder Gruppen bis zu sechs Personen eintragen.
4. Am ersten Tag des Folgemonats verschickt der BLM-Server automatisch Absagen an die, die leider leer ausgegangen sind, sowie Bestätigungsmails an die glücklichen Gewinner. Auf dem Postweg erhält man die Permits dann gemeinsam mit der Wegbeschreibung in der Regel etwa zwei Monate vor dem Besuch.
5. Tipp: Haben Sie für Ihren Wunschtermin leider einen negativen Bescheid erhalten, sollten Sie die Hoffnung noch nicht aufgeben. Manchmal werden direkt nach der Auslosung noch mal Plätze frei, die man in der Kalenderreservierung erkennen kann. Auch am 15. des Monats um 12 p.m. Mountain Standard Time werden noch einmal nicht bestätigte Reservierungen freigegeben.

Walk-in Permits

Da meine Reiseplanung meistens kurzfristiger ist, habe ich bisher mein Glück immer bei der Verlosung vor Ort versucht und beim dritten Anlauf auch endlich Glück gehabt. Zusammen mit meinem Mann erhielten wir ein Permit für den 30. Juni 2009, einen brütend heißen Tag …

Die Verlosung der Walk-in Permits findet in der **Paria Ranger Station** (nicht im BLM Visitor Center in Big Water) jeweils am Tag **vor** der geplanten Tour um neun Uhr morgens (Mountain Standard Time, im Sommer Daylight Saving Time) statt. Es empfiehlt sich, rechtzeitig dort zu sein, denn die Ranger öffnen bereits um 8.30 Uhr die Türen und nehmen die ausgefüllten Anträge entgegen. Beachten sollte man außerdem die Zeitverschiebung: Die Ranger Station liegt in Utah, Page in Arizona, das bedeutet, dass im Sommer zwischen den beiden Staaten eine Stunde Zeitunterschied besteht, weil Arizona keine Sommerzeit hat. Sollten Sie in Page nächtigen, empfiehlt es sich, um sieben Uhr loszufahren, um rechtzeitig anzukommen.

Und dann ist es so weit. Jeder Antrag hat eine Nummer zugeteilt bekommen, die einer Nummer auf einer Holzkugel entspricht. In einer Lostrommel werden die Kugeln gemischt und die erste gezogen. Je nachdem, wie viele Teilnehmer in dieser Gruppe sind, werden weitere Kugeln gezogen. Es dürfen maximal 20 Personen pro Tag die Wave betreten, zehn Plätze davon sind schon durch die Online-Verlosung vergeben.

Und so kann es vorkommen, dass bei Gruppen mit mehreren Personen lediglich zwei Kugeln gezogen werden.

Nach der Auslosung fällt merklich die Spannung ab. Die, die kein Permit ergattern konnten, verlassen die Station und verbringen den Tag in der Umgebung. Für die restlichen Glücklichen gibt es nun die wichtigen Informationen zur Anfahrt und Topografie sowie Karten. In früheren Jahren ist es anscheinend immer wieder mal vorgekommen, dass Besucher die Wave nicht gefunden haben. Inzwischen hat das BLM die Unterlagen gründlich überarbeitet und stellt den Wanderern eine dreiseitige Wegbeschreibung »Finding the Wave« mit Topomap, sechs Farbfotos und den GPS-Koordinaten zur Verfügung. Auch ist der Weg grob mit Steinmännchen markiert, die nicht mehr von den Rangern entfernt werden.

Der Weg zum Ziel

Der Trailhead (Startpunkt) befindet sich am Wire Pass, den man nach 21 Meilen (34 km) auf der unbefestigten House Rock Valley Road (BLM 700) erreicht. Bei meinem Besuch standen auf dem Parkplatz tatsächlich drei mittelgroße Wohnmobile. Ich möchte Sie zu solchen Experimenten nicht ermutigen und rate dringend dazu, sich in Page für diesen Tag einen Geländewagen zu mieten. Erkundigen Sie sich bitte in jedem Fall nach dem Straßenzustand, denn nach längeren Regenfällen ist die Piste auch für Allradfahrzeuge oft für einige Tage unpassierbar.

Starten Sie möglichst früh am Tag, denn der Weg bietet praktisch keinen Schatten, und Temperaturen bis zu 115 Grad Fahrenheit (46 °C) sind im Sommer keine Seltenheit. Legen Sie Ihren Parkschein gut sichtbar hinter die Windschutzscheibe und tragen Sie sich ins Trailregister ein. Das Permit muss ebenfalls gut sichtbar am Rucksack befestigt werden. Besucher, die von einer Rangerpatrouille ohne gültiges Permit angetroffen werden, müssen mit einer Anzeige und einer hohen Geldstrafe rechnen.

Ganz wichtig ist es, genügend Wasser dabeizuhaben, denn unterwegs gibt es keinen Tropfen. In den Sommermonaten empfiehlt das BLM eine Gallone bzw. vier Liter! Auch sollte man die Weglänge von sechs Meilen (10 km) nicht unterschätzen.

Das ersehnte Dokument

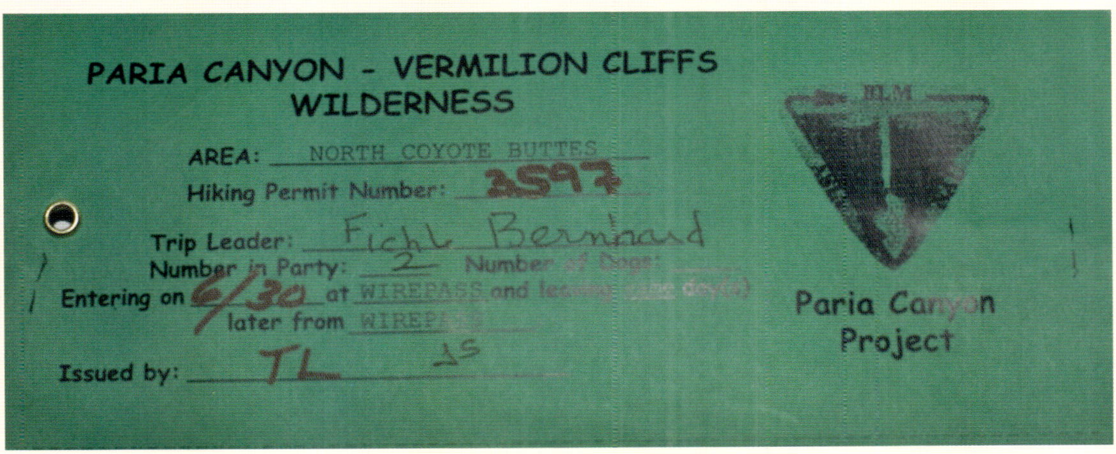
PARIA CANYON - VERMILION CLIFFS WILDERNESS
AREA: NORTH COYOTE BUTTES
Hiking Permit Number: 3597
Trip Leader: Fichl Bernhard
Number in Party: 2 Number of Dogs:
Entering on 6/30 at WIREPASS and leaving same day(s)
later from WIREPASS
Issued by: TL 15
BLM
Paria Canyon Project

Campingplatz im Organ Pipe National Monument

» TOUR 3

3 ARIZONA UND NEW MEXICO

Die Weite und Einsamkeit des wilden Westens »erfahren«

Ausgangs-/Endpunkt der Tour: Phoenix (Arizona) **Strecken:** Phoenix – Organ Pipe NM (150 mi/241 km) – Kitt Peak NO (115 mi/185 km) – Saguaro NP (45 mi/72 km) – El Paso (345 mi/555 km) – Carlsbad Caverns NP (175 mi/282 km) – Alamogordo (170 mi/274 km) – White Sands NM (15 mi/25 km) – Bosque del Apache WR (145 mi/233 km) – Kasha-Katuwe Tent Rocks NM (170 mi/274 km) – Santa Fe (30 mi/48 km) – Bandelier NM (40 mi/64 km) – Santa Fe (40 mi/64 km) – Petrified Forest NP (275 mi/443 km) – Flagstaff (95 mi/153 km) – Grand Canyon NP (90 mi/145 km) – Sedona (120 mi/193 km) – Phoenix (115 mi/185 km) **Streckenlänge:** Phoenix – Phoenix ca. 2400 mi/3862 km **Beste Reisezeit:** Mai bis Juni und September bis Oktober **Dauer:** ca. 3 Wochen

Auf dieser Tour besuchen wir die Kaktusparks im südlichen Arizona kurz vor der mexikanischen Grenze ebenso wie die tiefste Schlucht der Erde, den Grand Canyon. Doch auch antike Städte mit prähistorischen Kulturen stehen auf der Liste.

Start in Phoenix

Unsere Rundreise beginnt in der fünftgrößten Stadt der Vereinigten Staaten, der Hauptstadt Arizonas, Phoenix. Besser gesagt im Großraum von Phoenix, der über vier Millionen Einwohner hat und aus den Städten Mesa, Scottsdale, Glendale, Tempe, Chandler, Gilbert und Peoria sowie vielen kleineren Ortschaften besteht. Auch die überwiegend von Rentnern bewohnten Gemeinden (retirement communities) wie Sun City, Sun City West und Fountain Hills gehören dazu. Kein Wunder, dass die Gegend beliebt ist: Hier im Tal der Sonne (»Valley of the Sun«) in der Sonora-Wüste hat es durchschnittlich 312 Sonnentage im Jahr.

Ein Großteil der Bevölkerung sind sogenannte »Snowbirds«, also Menschen, die es sich leisten können, die kalte Jahreszeit in einer wärmeren Gegend zu verbringen. Viele besitzen hier als Zweitwohnsitz ein Haus oder eine Wohnung, doch besonders beliebt sind RVs (Recreation Vehicles, d. h. Wohnmobile) und Trailer. Wohnanhänger und Luxus-Wohnmobile bis hin zu Reisebusgröße sind keine Seltenheit.

Von Phoenix zum Organ Pipe National Monument

Nachdem wir in einer der großen Shopping-Malls den Kühlschrank aufgefüllt haben, verlassen wir das endlose Häusermeer auf der Interstate I-10 in Richtung Westen. Unser erstes Ziel ist das Organ Pipe National Monument.

» INFORMATION

Trotz der Einsamkeit dieser Gegend sollten Sie vor allem an Wochenenden mit viel Verkehr rechnen. Die Amerikaner fahren sehr gerne über die Grenze nach Mexiko, sowohl um billig einzukaufen als auch um Ferien am Golf von Kalifornien zu machen. Das führt zu verstärkten Grenzkontrollen, die auch weiter im Landesinneren immer wieder spontan durchgeführt werden. Plötzlich ist eine Straße gesperrt und die »Border control« möchte Reisepass, Führerschein und die Mietunterlagen des Fahrzeuges sehen.

Linke Seite: Riesige Saguaros und Cholla Kakteen im Organ Pipe National Monument

Der seltene Organ Pipe Kaktus, der dem Park den Namen gab.

Saguaro und ein blühender Ocotillo Kaktus

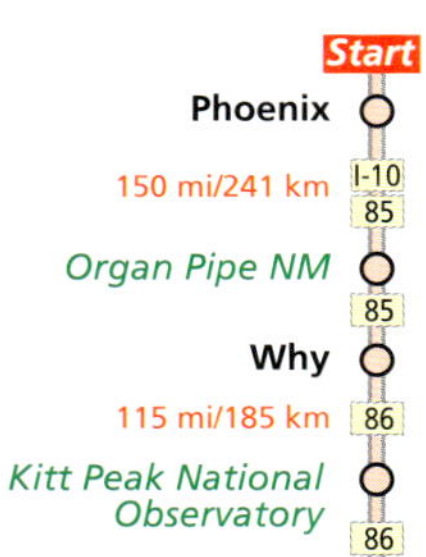

An der Ausfahrt 112 verlassen wir die Interstate und fahren auf dem Highway 85 nach Süden. Diese Straße führt bis über die Grenze nach Mexiko. So weit wollen wir jedoch nicht, zumal die meisten Wohnmobil-Vermieter den Grenzübertritt mit ihrem Fahrzeug sowieso verbieten. Fünf Meilen (8 km) vor der Staatsgrenze befindet sich der Parkeingang mit dem Visitor Center.

Das Organ Pipe National Monument ist nach einem Kaktus benannt, dessen Aussehen dem von Orgelpfeifen ähnelt. Viel häufiger als diese trifft man im Park jedoch die großen, bis zu 15 Meter hohen Saguaros (Carnegiea gigantea) an. Insgesamt gibt es hier 28 verschiedene Kaktusarten, deren Hauptblütezeit zwischen März und Juni liegt. Die meisten Tiere im Park sind wegen der große Hitze nachtaktiv.

Gegenüber dem Visitor Center beginnt der 21 Meilen (34 km) lange ungeteerte Mountain Drive entlang der bis zu 1500 Meter hohen Ajo Mountains. Diese staubige Straße ist auch für Wohnmobile gut zu meistern.

Zum Saguaro National Park

Wir fahren auf dem Highway 85 zurück bis Why, dort biegen wir auf den Highway 86 nach Osten ab. Etwa 55 Meilen (89 km) vor Tucson kommen wir am Kitt Peak National Observatory (KPNO) vorbei. Seit 1958 steht es auf dem Gipfel des Mount Kitt in 2096 Meter Höhe. Eine elf Meilen (18 km) lange Straße führt zum Observatorium hinauf, letzte Auffahrt für Besichtigungen ist um 16 Uhr. Mount Kitt ist Eigentum des Stammes der Tohono O'odham, sie haben das Gelände für die Sternenwarte unbefristet verpachtet. Heute hat die Anlage mit 23 Teleskopen die weltweit größte Sammlung von astronomischen Instrumenten und arbeitet mit den Observatorien in Sacramento Peak, New Mexico, und dem Cerro Tololo in Chile zusammen.

Kurz vor Tucson verlassen wir den Highway 86 und biegen links auf die South Kinney Road ab. Wer Lust hat, kann hier die Old Tucson Studios mit angeschlossenem Freizeitpark besuchen. Die Old Tuscon Studios wurden 1939 gegründet. In den 1950er-Jahren etablierten sie sich als Filmstudio und wurden regelmäßig als Schauplatz für Filmaufnahmen verwendet. Immer weitere Gebäude wurden errichtet. 1959 entstand hier beispielsweise der Kinofilm »Rio Bravo« mit John Wayne. In den 1970er-Jahren wurden hier einige Folgen von »High Chaparral« produziert, außerdem war es der Drehort für die Fernsehserie »Unsere kleine Farm«.

» INFORMATION

Old Tucson Studios, 201 South Kinney Road, Tuscon, AZ 85735, Tel. 520-883-01 00, www.oldtuscon.com/

Einer der letzten Blockbuster-Filme die in den Old Tucson Studios produziert wurden, war 1995 »Schneller als der Tod«. Auch der Film »Tombstone« mit Kurt Russell als Wyatt Earp und Val Kilmer als Doc Holliday wurde hier gedreht. Im April 1995 zerstörte ein Feuer einen Großteil der Gebäude. Heute ist der Freizeitpark neu eröffnet und bietet für den Besucher unter anderem Besichtigungen und Shows in den z. T. wiederaufgebauten Kulissen an.

Anschließend fahren wir auf der North Kinney Road weiter bis zum Arizona Sonora Desert Museum im Saguaro National Park.

Der Schwerpunkt des Arizona Sonora Desert Museum, das aus einem Museum, einem Zoo und einem botanischen Garten besteht, liegt auf dem Artenreichtum der Tier- und Pflanzenwelt speziell der Sonora-Wüste. Es beherbergt etwa 1300 Pflanzenarten und mehr als 300 verschiedene Wüstentiere, die man so gefahrlos in ihrem natürlichen Lebensraum beobachten kann. Da die meisten Wüstentiere vor allem nachtaktiv sind, werden hier auch Führungen in der Dunkelheit angeboten. Besonders gefallen haben mir die ausführlichen Erklärungen und Vorführungen der vielen ehrenamtlichen Dozenten.

Der Saguaro National Park besteht aus zwei Teilen: dem westlichen, in dem auch das Desert Museum liegt, und einem östlich der Stadt Tuscon gelegenen. Seinen Namen verdankt der Park dem Saguaro (Kandelaberkaktus, Carnegiea gigantea). Genießen Sie den Anblick dieses »Waldes«, denn Saguaro kommt nur hier im Süden vor. Leider ist es notwendig, ihn im Rahmen als Nationalparks zu schützen, denn auf freier Strecke ist kaum ein Exemplar zu finden, das nicht zerschossen ist.

» WISSENSWERT

Das Wahrzeichen Arizonas, der Saguaro, wird bis zu 15 Meter hoch und bis zu 200 Jahre alt. Die ersten Seitenarme wachsen ihm erst nach etwa 65 bis 70 Jahren. Als riesiger Wasserspeicher kann der Kaktus bis zu acht Tonnen schwer werden.

Die Campingplätze sind immer mit Tisch und Bänken und einer Grillstelle ausgestattet.

Robles Junction
45 mi/72 km
South Kinney Road 86
North Kinney Road
Saguaro NP, Arizona Sonora Desert Museum

Erst sehr alte Saguaros bilden Seitenarme.

Tucson ist die größte Stadt im südlichen Arizona und liegt in einer Hochebene umgeben von fünf bis zu 2880 Meter hohen Bergketten, den Santa Catalina Mountains und Tortolita Mountains im Norden, den Santa Rita Mountains im Süden, den Rincon Mountains im Osten sowie den Tucson Mountains im Westen. Der Name Tucson entstammt der Sprache der Tohono-O'Odham-Indianer. Ihr Name für das Gebiet, Chuk Shon, bedeutet »schwarze Vorberge« (angelehnt an den Sentinel Peak, der auch als Gebirge bezeichnet wird). Der Santa Cruz River, der durch die Stadt fließt, ist bis auf regenreiche Wochen während des Sommermonsuns ausgetrocknet.

Die Gegend um Tucson war bereits um 12 000 v. Chr. durch Paläoindianer besiedelt. Nahe dem heutigen Stadtzentrum wurden Reste eines Dorfes gefunden, das hier um 1000 v. Chr. stand. Zwischen 1200 v. Chr. und 150 n. Chr. wurde die Gegend um Tucson landwirtschaftlich genutzt. Die Stadt gehört damit zu den am längsten fortwährend besiedelten Orten der USA.

Im Jahr 1699 wurde durch den italienischen jesuitischen Missionar Pater Eusebio Francisco Kino die Mission San Xavier del Bac gegründet. Die Stadtgründung erfolgte schließlich im Jahre 1775 mit dem Bau eines Presidios (Festung) durch die Spanier unter der Leitung von Hugo O'Conor. Nach der Unabhängigkeit Mexikos von Spanien 1821 gehörte Tucson zunächst zu Mexiko. Erst im Rahmen des Gadsden Purchase, mit dem die Vereinigten Staaten Mexiko den Süden Arizonas abkauften, fiel die Stadt 1853 an die USA.

Das moderne Tuscon ist Sitz der University of Arizona, der ältesten und zweitgrößten Universität in diesem Bundesstaat. Das Angebot an Kultur und Unterhaltung ist groß, seine Bandbreite reicht von der Oper über Theater und Kabarett bis zu Museen.

» INFORMATION

Tucson Museum of Art & Historic, 140 North Main Avenue, Tucson, AZ 85701, Tel. 520-624-23 33, www.tucson-museumofart.org

Das Tucson Museum of Art umfasst einen ganzen Häuserblock in der historischen Innenstadt und zeigt Ausstellungen mit Schwerpunkt auf der Kunst Nord- und Südamerikas, des amerikanischen Westens sowie moderner und zeitgenössischer Kunst.

Von Tucson zum Carlsbad Caverns National Park

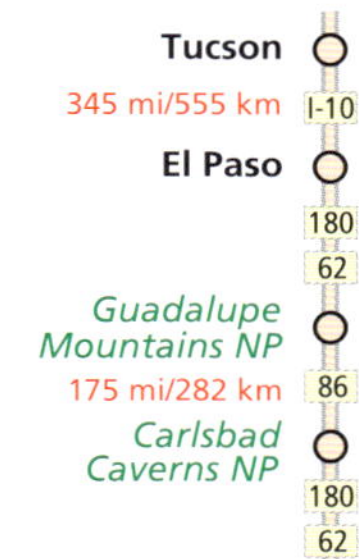

Zurück an der Kreuzung, wo North und South Kinney Road aufeinandertreffer, biegen wir links ab Richtung Tuscon. Wir verlassen die Stadt und Arizona auf der Interstate I-10 und fahren in östlicher Richtung nach El Paso in Texas. Spätestens hier sollten Sie Ihre Vorräte auffüllen (und vor allem tanken!), denn die nächsten »Services« gibt es erst etwa 175 Meilen (282 km) weiter, in der kleinen Ortschaft am Eingang des Carlsbad Caverns NP, in Whites City. Von El Paso aus geht es weiter auf dem Highway 180/62 nach Osten.

Etwa 100 Meilen (161 km) hinter El Paso fahren wir durch den Guadalupe Mountains National Park. Schon von Weitem sieht man den sich aus der Chihuahua-Wüste erhebenden Guadalupe Peak, auch El Capitan genannt, den mit 2667 Metern höchsten Berg von Texas. Früher war er eine wichtige Landmarke für Reisende mit den Butterfield-Overland-Postkutschen. Die Guadalupe Mountains sind die Überreste eines 650 Kilometer langen Riffs, das aus den Zeiten stammt, als dieses Gebiet noch von Meerwasser bedeckt war. Die Kalkschichten wurden von Ablagerungen überdeckt und zusammengepresst. Durch Hebungen und Faltungen wurden Teile des ehemaligen Riffs emporgehoben. Die Erosion legte dann über Jahrtausende die Kalkschichten wieder frei und bestimmt damit das heutige Bild der Bergkette.

Nun sind es nur noch ca. 40 Meilen (64 km) auf dem Highway 180/62 bis zum Carlsbad Caverns National Park.

Obwohl wir inzwischen den Staat gewechselt haben und nun in New Mexico unterwegs sind, handelt es sich bei den Carlsbad-Höhlen um die gleichen Kalkschichten, die die Guadalupe Mountains formten. Zirka 40 Meilen (64 km) weiter nördlich begann vor

Stetiger Kalkauf- und -abbau lässt in den Calsbad Höhlen wunderbare Formen und Gebilde entstehen.

» INFORMATION

Hinter dem Guadalupe Mountains Visitor Center Pine Springs bietet sich ein kleiner Campingplatz – allerdings ohne Komfort – für die Nacht an.

einigen Millionen Jahren schwach kohlensaures Sickerwasser durch Felsspalten in die Kalkschichten zu dringen, löste diese auf und hinterließ dabei ein riesiges Höhlenlabyrinth. Zur gleichen Zeit begann Hydrogensulfid aus riesigen Gas- und Öllagern unterhalb des alten Riffs auszugasen. Dieses verband sich mit dem Grundwasser zu Schwefelsäure und unterstützte den Lösungsprozess des Kalkes.

Die Entstehung der Stalaktiten und Stalagmiten und vieler anderer Kalkformationen innerhalb der Höhle begann vor rund 500 000 Jahren, also sehr viel später als die Entstehung der Höhle selbst. Jeder Regentropfen, der bis in die Höhle durchsickert, löst auf seinem Weg ein bisschen Kalk. Wenn er in der Höhle der Luft ausgesetzt ist und etwas Wasser verdunstet hat, scheidet er den Kalk wieder ab. So läuft ein ständiger Prozess des Kalkauf- und -abbaus ab, der die wunderbarsten Formationen hervorbringt.

Die Höhle ist sehr gut ausgebaut; es gibt sowohl geführte als auch ungeführte Touren. Zurzeit sind 83 einzelne Höhlen bekannt, doch ein Ranger erzählte mir, dass immer noch neue entdeckt werden. Der Zugang ist über den natürlichen Eingang, aber auch über einen 750 Feet (228,6 m) hohen Aufzug möglich. Die Fahrzeit beträgt gerade einmal eine Minute. Der erste Aufzug wurde 1954 gebaut und war damals der höchste der Welt.

Über Alamogordo zum White Sands National Monument

Vom Carlsbad Caverns National Park geht es weiter auf dem Highway 180/62 über Whites City nach Carlsbad. Dort biegen wir ab auf

» SEHENSWERT

Die Carlsbad Caverns sind die Heimat von rund einer Million Fledermäuse der »Mexican Free-tailed Bat«, die hier im Sommer ihre Jungen bekommen und aufziehen. Bei Einbruch der Nacht machen sich gigantische Fledermausschwärme auf, um nach Nahrung zu suchen. Dieses Schauspiel kann man vom Amphitheater aus beobachten.

Carlsbad
285
Artesia
170 mi/274 km
82
Alamogordo
15 mi/25 km
70
White Sands NM
70

den Highway 285 und fahren nach Norden bis Artesia, das seine Stadtgründung dem Fund artesischer Quellen verdankt. Hier geht es auf dem Highway 82 weiter nach Alamogordo. Aus der unendlich staubig sandigen Sagebrush-Ebene steigt das Gelände in großen Stufen an. Schon bald beginnt der Wald und die Temperatur wird wesentlich angenehmer. Bis zum Cloudscroft-Pass klettern wir über 1600 Meter auf eine Höhe von 2636 Meter. Hier wird im Winter sogar Ski gefahren. Doch wir müssen gleich wieder hinunter bis auf 1300 Meter.

Die Kleinstadt Alamogordo hat ungefähr 35 000 Einwohner, was vor allem mit der riesigen Holloman Air Force Base zusammenhängt. Schon von Weitem sieht man die Raketen, die auf dem Freigelände des Museum of Space History ausgestellt sind. Der Museumskomplex besteht aus einer »Space Hall of Fame«, in der die Verdienste von Astronauten weltweit geehrt werden, sowie dem »IMAX Dome Theater«, einem rund 250 Quadratmeter großen Planetarium zur Beobachtung des weiten Himmel über dem »Land of Enchantment« (Land der Verzauberung), wie sich New Mexico selbst betitelt.

» INFORMATION

New Mexico Museum of Space History, P.O. Box 5430, Alamogordo, NM 88311-5430, Tel. 575-437-28 40, www.nmspacemuseum.org/index.php

In erster Linie ist der Ort jedoch bekannt als Ausgangspunkt für das 25 Kilometer entfernte White Sands NM, das wir als Nächstes anfahren, und zwar über den Highway 70 in südwestlicher Richtung.

Das White Sands National Monument, im Tal des Tularosa-Beckens gelegen, ist berühmt für seine riesigen Dünen aus weißem Gipssand. Der Sand ist so weiß, wenn es nicht so heiß wäre, könnte man meinen, es handle sich um Schnee. Nicht nur Kindern macht es riesigen Spaß, mit Kunststoffwannen oder einfach auf einer Plastiktüte die Dünen herunterzurutschen. Der Gips befand sich einst auf dem Grund eines flachen Meeres, das diese Region vor 250 Millionen Jahren bedeckte. Schließlich wurde er zu mit Sedimenten angereichertem Stein, der vor rund 70 Millionen Jahren, als die Rocky Mountains sich formten, zu einer gigantischen Kuppel

Museum of Space History in Alamogordo

Alamogordo
54
Three Rivers Petroglyphs
Valley of Fires
380
San Antonio
145 mi/233 km

» INFORMATION

White Sands National Monument, P.O. Box 1086, Loop Drive, Holloman Afb, NM 88330, Tel. 575-679-25 99, www.nps.gov/whsa/index.htm
Manchmal wird der Park aus Sicherheitsgründen gesperrt, wenn in der nahe gelegenen White Sands Missile Range (White-Sands-Raketenbasis) Raketentests durchgeführt werden.

aufgeworfen. Vor rund zehn Millionen Jahren begann die Mitte dieser Kuppel einzustürzen und bildete fortan das Tularosa-Becken. Die verbliebenen Ränder der abgesackten Kuppelformation bilden heute die Gebirge der San Andres und der Sacramento Mountains.

Zum Bosque del Apache National Wildlife Refuge

Wir fahren zurück nach Alamogordo und setzen unsere Fahrt auf dem Highway 54 nach Norden fort.

Bei den Three Rivers Petroglyphs machen wir einen kurzen Stopp. In diesem etwa 50 Hektar großen Gebiet wurden über 21 000 Felszeichnungen gefunden, die etwa zwischen 900 und 1400 n. Chr. entstanden. Mitglieder des Stammes der Jornada-Mogollon ritzten und meißelten mit Steinwerkzeugen Vögel, Menschen, Fische, Insekten und Pflanzen sowie zahlreiche geometrische und abstrakte Muster in den Basalt. Östlich der Picknickplätze führt ein Weg zu einem 1976 teilweise ausgegrabenen Mogollon-Dorf, dessen Bewohner aller Wahrscheinlichkeit nach einst die Felszeichnungen anfertigten.

Wenige Meilen weiter nach Norden Richtung Carrizozo erreichen wir das Valley of Fires. Über einen Brettersteg läuft man durch den zweitjüngsten Lavastrom des amerikanischen Festlandes (der jüngste befindet sich im US-Bundesstaat Washington und entstand, als 1990 der Vulkan des Mount St. Helens ausbrach). Die Lava hier stammt aus mehreren Vulkanen, die etwa neun Meilen westlich liegen, und ist etwa 1500 bis 5000 Jahre alt. Zwischen den Lavabrocken wachsen verschiedene Kaktusarten, Wacholder und Sotol, eine gelb blühende Agavenart, die einer Yucca ähnlich sieht.

In Carrizozo verlassen wir den Highway 54 und fahren auf dem Highway 380 Richtung Westen nach San Antonio.

Besonders Kinder haben in den weißen Gipsdünen Spaß.

Lavaflow im Valley of Fires/Arizona

» WISSENSWERT

Unterwegs sehen wir die Hinweise zum **Testgelände Trinity**, dem Abwurfort der ersten Atombombe. Der Test wurde am 16. Juli 1945 von den USA im Rahmen des Manhattan-Projekts zur Kernwaffenforschung durchgeführt. Trinity (Dreifaltigkeit) war der Codename des US-Militärs für diese erste Kernwaffenexplosion. Der Ort wurde 1975 zur National Historic Landmark erklärt. Da er sich bis heute innerhalb eines Militärgeländes befindet, darf er nur jeweils am 1. Samstag im April und Oktober besichtigt werden. Ein schwarzer Obelisk markiert den Punkt der Kernwaffenzündung, an dem immer noch eine geringe Reststrahlung vorhanden ist. Außerdem findet man grüne Steine, Trinitiden genannt, aus geschmolzenem Gestein.

In San Antonio folgen wir den Wegweisern zum Bosque del Apache National Wildlife Refuge. Der Park ist eine künstlich angelegte, 230 Quadratkilometer große Sumpflandschaft, in der die ehemalige Überflutungszone des Rio Grande nachgeahmt wird. An den Wasserstellen versammeln sich alljährlich während der Wintermonate Abertausende Kanada-Gänse, Enten und Kraniche. Das Refuge ist ein wichtiger Rastplatz, aber auch Überwinterungsquartier für Zugvögel. Im Sommer ist es deutlich ruhiger, dann sind nur die einheimischen Sing- und Watvögel sowie Säugetiere zu beobachten. Mit etwas Glück kann man hier wilde Truthähne beobachten.

Vom Wildlife Refuge nach Santa Fe

Auf der Interstate I-25 fahren wir nach Norden über Albuquerque Richtung Santa Fe. Sollten Sie im Oktober unterwegs sein, fragen Sie nach den Terminen der Albuquerque International Balloon Fiesta (2010 findet sie von 2.–10. Oktober statt; www.balloonfiesta.com).

Kurz vor Santa Fe verlassen wir die Interstate bei der Ausfahrt 259. Weiter geht es auf dem Highway 22 in Richtung Cochiti Lake und den Schildern Kasha-Katuwe Tent Rocks nach. Die letzten etwa fünf Meilen (8 km) sind Schotterstraße, aber ohne Probleme mit dem Wohnmobil zu befahren.

Das Kasha-Katuwe Tent Rocks National Monument hat seinen Namen von den in das kleine Tal eingebetteten Felsen, die tatsäch-

» INFORMATION

Bosque del Apache National Wildlife Refuge, P.O. Box 280, San Antonio, NM 87832, Tel. 575-835-18 28, www.fws.gov/southwest/refuges/newmex/bosque/

Die Kegel aus Bims- und Tuffstein im Kasha-Katuwe Tent Rocks National Monument wirken wirklich wie weiße Zelte.

lich etwas an Zelte erinnern. Kasha-Katuwe bedeutet in der Sprache der hier ansässigen Pueblo-Indianer »weiße Klippen«. Vor etwa sechs bis sieben Millionen Jahren stießen die Vulkane des Jemez Volcanic Field westlich des heutigen Schutzgebietes Asche aus und pyroklastische Ströme hinterließen eine mehrere Hundert Meter dicke Schicht aus Bims- und Tuffstein. Dort, wo diese Ablagerungen nicht von eingelagerten härteren Schichten geschützt wurden, erodierten sie schnell wieder. Durch das Gebiet führen zwei schöne Wanderwege. Für die Straße zum Veterans' Memorial Scenic Overlook ist allerdings ein Allradfahrzeug erforderlich, es ist für Wohnmobile nicht geeignet.

Zurück auf der Interstate I-25 fahren wir weiter nach Santa Fe, das mit seiner wunderschönen Altstadt lockt. Der vollständige Name der Hauptstadt New Mexicos lautet: La Villa Real de la Santa Fe de San Francisco de Asís (Königliche Stadt des heiligen Glaubens des heiligen Franz von Assisi). Schon im 12. Jahrhundert war die Gegend, auf der die heutige Stadt liegt, von Indianern besiedelt. Im 16. Jahrhundert kamen die ersten Spanier,

» INFORMATION

New Mexico Museum of Art, 107 West Palace Avenue, Santa Fe, NM 87501, Tel. 505-476-50 72, www.nmartmuseum.org/
Georgia O'Keeffe Museum, 217 Johnson Street, Santa Fe, NM 87501, Tel. 505-946-10 00, www.okeeffe-museum.org

und 1610 wurde Santa Fe Sitz des Gouverneurs der Provinz Nuevo Méjico des Vizekönigreiches Neuspanien. Damit ist Santa Fe die älteste Hauptstadt der USA. Heute ist die Stadt, die auf 2231 Meter Höhe liegt, eine der bedeutendsten in der amerikanischen Kunstszene, was sich in über 200 Galerien widerspiegelt. Besonderes Augenmerk wird auf die Architektur gelegt: Alle Neubauten müssen im traditionellen Pueblo-Baustil errichtet werden (Adobe-Stil). Alte Gebäude und Anlagen wurden geschützt und restauriert. Und so macht es wirklich Freude, durch die Stadt zu bummeln und dieses einmalige Flair zu genießen. Wer Lust auf Kunst hat, dem empfehle ich zwei Museen, das New Mexico Museum of Art und das Georgia O'Keeffe Museum. Georgia O'Keeffe zählt zu den größten US-amerikanischen Malerinnen des frühen 20. Jahrhunderts.

Das New Mexico Museum of Art in Santa Fe

In Santa Fe fahren wir auf den Highway 285, vorbei an der Felsformation »Camel Rock«. In Pojoaque biegen wir nach Westen auf die State Road 502 ab und folgen den Schildern zum Bandelier National Monument.

Von Santa Fe zum Bandelier National Monument und zurück

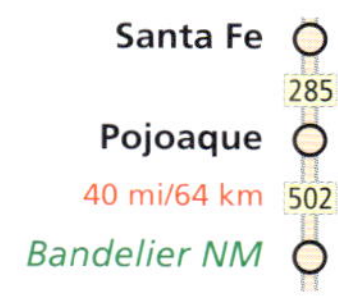

Das Bandelier National Monument wurde nach dem Schweizer Anthropologen Adolph F. A. Bandelier benannt, der die Ruinen 1880 zum ersten Mal besuchte und in der Folgezeit erforschte. Pueblo-Indianer lebten von 1200 bis 1550 n. Chr. zuerst in den natürlichen Fels-

Einstieg zu einer Felswohnung im Bandelier National Monument

Santa Fe
I-25
Albuquerque
I-40
Gallup
Petrified Forest NP
40 mi/64 km 180

höhlen der Tuffsteinwände, später vergrößerten sie die zahllosen Aushöhlungen und verbanden diese zum Teil miteinander. Große Höhlen dienten vermutlich als Kiva (Raum für Zeremonien), während kleine Hohlräume als Lagerstätten genutzt wurden. Später wurden an die Felswände Steinbauten angebaut und somit der verfügbare Wohnraum deutlich erweitert. Erst ab dem 14. Jahrhundert lösten sich die Indianer von den Felswänden und bauten frei stehende Pueblos. Das größte Pueblo war das Tyuonyi (sprich: tschu-ohn-ji), das genau gegenüber den Felswohnungen errichtet wurde. Dieses halbrunde Pueblo bestand aus drei abgestuften Stockwerken und enthielt etwa 400 Räume. Leider sind von dem Pueblo nur noch die Grundmauern erhalten. Mitte des 16. Jahrhunderts verließen die Indianer das Pajarito-Plateau und übersiedelten in das Tal des Rio Grande River.

Nach der Besichtigung kehren wir auf dem gleichen Weg zurück nach Santa Fe.

Von Santa Fe zum Petrified Forest National Park

Auf der Interstate I-25 geht es nach Albuquerque bis zur Kreuzung mit der Interstate I-40, der wir nach Westen folgen. Etwa 50 Meilen (80 km) hinter Gallup verlassen wir New Mexico und sind wieder in Arizona. Wir verlassen die Interstate bei der Ausfahrt 311 und besuchen den »versteinerten Wald«.

Hier im Norden des Petrified Forest National Park fährt man zuerst durch die sogenannte Painted Desert mit wunderbaren Aus- und Überblicken über diese rotbraunen Badlands. Auf einer Brücke überquert man die Interstate und erreicht den südlichen Teil des Parks. Hier liegen mitten in der Landschaft versteinerte Bäume. Die schönsten Exempla-

Kivas sind unterirdische Räume, die für Zeremonien genutzt wurden.

» WISSENSWERT

Vor etwa 230 Millionen Jahren befand sich hier ein von vielen Flüssen durchzogenes Schwemmland. Verschiedene Nadelhölzer und Baumfarne bildeten die Vegetation. Auch krokodilartige Reptilien, Riesenamphibien und kleinere Dinosaurier lebten in diesem Gebiet. Umgestürzte Bäume wurden unter Schlamm und Schlick begraben. Aufgrund fehlenden Sauerstoffs verlangsamte sich ihr natürlicher Zerfall. Silikate lagerten sich in den Hohlräumen der Stämme ein und ersetzten nach und nach das Zellgewebe durch Quarz – die Stämme wurden zu Stein. Später hob sich das Land und die dabei auftretenden Spannungen innerhalb der Gesteinsschichten ließen die Stämme zerbrechen. Die nun wieder einsetzende Erosion durch Wind und Wasser trug nach und nach die Schichten der Sedimente ab und brachte damit die versteinerten Baumstämme wieder an die Erdoberfläche.

re findet man an den Parkplätzen Jasper und Crystal Forest, die größten nahe des Südeingangs beim Parkplatz Giant Logs.

Einige Zeit wurde das versteinerte Holz regelrecht abgebaut. Als man aber einsah, dass diese Vorkommen begrenzt sind, erhoben sich erste Stimmen, die forderten, einige der besonders reichen Lagerstätten zu erhal-

***Oben und unten:* Erosion durch Wind und Wasser bringt Stämme zutage, die vor 230 Millionen Jahren in einem völlig anderem Klima hier wuchsen.**

Marktplatz in Sedona

» INFORMATION

Der Petrified Forest National Park schließt als einziger Nationalpark in den USA abends seine Pforten, je nach Jahreszeit zwischen 17 und 18 Uhr.

ten. Heute darf kein auch noch so kleines Stückchen mitgenommen werden. Verstöße werden mit drakonischen Strafen geahndet. Beim Verlassen des Parks muss man mit Autokontrollen rechnen. Auch das Spazierengehen abseits der Wege ist verboten.

Über Holbrook und Flagstaff zum Grand Canyon National Park

Wir verlassen am Südeingang den Park und fahren auf dem Highway 180 Richtung Westen nach Holbrook. Dort geht es zurück auf die Interstate I-40, der wir in westlicher Richtung bis Flagstaff folgen. Hier bietet es sich an, die Vorräte zu ergänzen. Auf dem Highway 89 fahren wir weiter nach Norden bis Cameron. An der Kreuzung mit dem

Die Midgely Bridge über den Oak Creek bei Sedona

Ausspannen am Oak Creek/Sedona

Highway 64 biegen wir ab zum South Rim des Grand Canyon.

Der Canyon zählt zu den großen Naturwundern dieser Welt und »gehört« zum Standardprogramm einer USA-Reise. Aus diesem Grund habe ich ihn auch in diese Tour mit aufgenommen. Bitte lesen Sie dazu die Beschreibung in Tour 2: Highlights des Südwestens.

Über Flagstaff und Sedona zurück nach Phoenix

Wir verlassen den Grand Canyon National Park über den Westeingang und fahren über den Highway 180 zurück nach Flagstaff. Von dort geht es auf dem Highway 89/89 A durch den Oak Creek Canyon nach Sedona.

» INFORMATION

Sedona Heritage Museum, im Jordan Historical Park, 735 Jordan Road (in Uptown), Sedona, AZ 86336, Tel. 928-282-70 38, www.sedonamuseum.org

1950 zog der surrealistische Maler Max Ernst nach Sedona, ihm folgten schon bald weitere Maler, Bildhauer, Schriftsteller und sonstige Kreative. Heute ist die Stadt nicht nur ein künstlerisches Zentrum, sondern auch Esoteriker und Anhänger der New-Age-Bewegung fühlen sich hier wohl, da die traumhaften roten Berge in der Umgebung angeblich spirituelle Kraft besitzen. Der Name der Stadt Sedona stammt von der Gattin von T. C. Schnebly, der um 1899 im Ort eine Poststation betrieb. Die Station hieß zunächst Oak Creek Crossing and Schnebly Station. Da dies der Postverwaltung zu lang war, gab Schnebly fortan nur noch den Namen seiner Frau Sedona an. Das kleine Sedona Heritage Museum zeigt in erster Linie das Leben der Pioniere dieser Gegend. Außerdem gibt es eine interessante Ausstellung des US Forest Service.

Über den Highway 179 erreichen wir die Interstate I-17, die uns das letzte Stück zurück nach Phoenix zu unserem Ausgangspunkt bringt.

Morgenstimmung am Oxbow Bend mit der Teton Range

» TOUR 4

4 ROCKY MOUNTAINS

Über hohe Pässe und durch weite Täler zum ersten Nationalpark der Welt

Ausgangs-/Endpunkt der Tour: Denver (Colorado) **Strecken:** Denver – Garden of the Gods (70 mi/113 km) – Great Sand Dunes NP (180 mi/290 km) – Durango (175 mi/282 km) – Mesa Verde NP (40 mi/64 km) – Shiprock (52 mi/83 km) – Canyon de Chelly NM (Chinle) (74 mi/118 km) – Durango (190 mi/306 km) – Black Canyon of the Gunnison NP (125 mi/201 km) – Colorado NM (95 mi/153 km) – Dinosaur NM (140 mi/225 km) – Flaming Gorge NRA (30 mi/129 km) – Jackson Hole (225 mi/362 km) – Grand Teton NP (Jenny Lake) (20 mi/32 km) – Yellowstone NP South Entrance (35 mi/56 km) – Rocky Mountain NP (730 mi/1175 km) – Denver 95 mi/153 km) **Streckenlänge:** Denver – Denver ca 2600 mi/ 4184 km **Beste Reisezeit:** Juni oder September **Dauer:** 3–4 Wochen

Die Rocky Mountains sind ein Faltengebirge, das sich über 5000 Kilometer von Alaska bis nach Mexiko zieht. Wir können auf dieser Reise nur einen kleinen, jedoch besonders abwechslungsreichen Teil erkunden. Der Bogen spannt sich von aktiven Vulkangebieten und glitzernden Gletschern über Wiesen voller Wildblumen und steile Grate bis hin zu prähistorischen Kulturen. Somit dürfte für jeden etwas Passendes dabei sein.

In und um Denver

Unser Ausgangsort Denver hat, wie die meisten Städte der USA, eine recht junge Geschichte. 1857 kamen die ersten mexikanischen Goldgräber in das Gebiet, gaben die kleine Siedlung aber bald wieder auf. Als jedoch etwas weiter südlich, am Zusammenfluss von South Platte River und Cherry Creek, größere Goldvorkommen entdeckt wurden, entstanden zwei neue Siedlungen: Auraria (heute der Unicampus) und St. Charles City. Kurze Zeit später gründete William H. Larimer Denver City, benannt nach einem ehemaligen Gouverneur des Kansas Territory, zu dem Colorado damals gehörte. 1861 schlossen sich die Bewohner der Orte zu einer Stadt mit 6000 Einwohnern und dem Namen Denver City zusammen. Am 7. November 1861 erhielt Denver die Stadtrechte. Nur zwei Jahre später verwüstete ein verheerender Brand die aufstrebende Stadt. Ab 1870 nahm der Ort einen enormen wirtschaftlichen Aufschwung, als verschiedene Eisenbahnlinien – die Denver Pacific und die Kansas Pacific and Colorado Central Railroads – nach Denver kamen. 1880 wurde in den Rocky Mountains Silber entdeckt und so zog es immer mehr Menschen in die »Queen City of the Plains«. 1890 war die Einwohnerzahl von Denver be-

Linke Seite: Rast vor den noch verschneiten Grand Tetons

» INFORMATION

Denver Art Museum, 100 West 14th Avenue Parkway, Denver, CO 80204, Tel. 720-865-50 00, www.denverart-museum.org/home

reits auf über 100 000 angestiegen. Im Jahre 1902 wurden City und County of Denver selbstständig und lösten sich von Arapahoe County. Nach dem Ende der Silberbergwerke zu Beginn des 20. Jahrhunderts begann eine lange Zeit des wirtschaftlichen Niedergangs. 1976 hätten die Olympischen Winterspiele in Denver abgehalten werden sollen, doch der damalige Gouverneur Richard Lamm lehnte dies wegen der hohen Kosten ab und die Spiele wurden daraufhin in Innsbruck (Österreich) ausgetragen. Zu Beginn der 1980er waren es erneut Bodenschätze, diesmal vor allem Erdöl, die einen Boom einleiteten. Das Öl machte die Stadt reich und ermöglichte viele Bauprojekte. Weitere wichtige Branchen sind heutzutage Energieversorgung und Logistik. Darüber hinaus ist Denver Sitz einiger Telekommunikationsunternehmen. Die Stadt liegt genau eine Meile über dem Meeresspiegel (Markierung auf der 15. Stufe an der Westseite des Capitols) und wird daher auch Mile High City genannt.

Kunstfreunde sollten unbedingt das Denver Art Museum besuchen. Das bedeutendste Museum Denvers umfasst das 1971 von Gio Ponti fertiggestellte – und einer Burg ähnelnde – North Building sowie das von 2003 bis 2006 unter Leitung von Stararchitekt Daniel Libeskind gebaute Hamilton Building. Zu den bedeutendsten Ausstellungen gehören die Sammlungen indianischer Handwerkskunst, außerdem präkolumbischer, moderner und zeitgenössischer Kunst.

Das Colorado Ocean Journey ist das größte Aquarium (Süß- und Salzwasser) zwischen Chicago und der Westküste. Es verfügt über verschiedene Becken, das größte mit über einer Million Gallonen (3,8 Mio. Liter) Wasser. Zwischen einer Uferzone und einem Korallenriff mit Schiffwrack tummeln sich die verschiedensten Meeresbewohner, einschließlich Stachelrochen und Haie. Ein besonderes

Felstürme im Garden of the Gods

Durch den Garden of the Gods führt eine Panoramastraße.

» INFORMATION

Colorado Ocean Journey, 700 Water Street, Denver, CO 80211-5210, Tel. 303-561-44 50, www.downtownaquarium.com

Highlight ist sicherlich das Angebot, im Aquarium mit den Fischen zu schwimmen!

Im Molly Brown House Museum wird an die Geschichte einer wahrhaft außergewöhnlichen Frau erinnert. Margaret Tobin kam 1867 in Hannibal, Missouri, in ärmlichen Verhältnissen zur Welt und arbeitete als Jugendliche in einer Tabakfabrik. Im Frühjahr 1886 lernte sie den Minenarbeiter James Joseph Brown kennen, der wie sie von irischen Einwanderern abstammte, und heiratete ihn. Molly war sozial sehr engagiert und half z. B. in der Suppenküche der Minenarbeiter von Leadville aus. Anfang der 1890er-Jahre wurde ihr Mann zum leitenden Direktor der Ibex-Minenanlagen. 1893, als die Arbeitslosigkeit in Leadville bei 90 % lag, begann Brown mit der Förderung von Gold in der Little Jonny Mine und avancierte bald zu einem der wohlhabendsten Männer im Bundesstaat. Im April 1894 zog die Familie Brown nach Denver City. Hier trat Molly dem Denver Women's Club bei, einer Organisation, die sich der Förderung, Bildung und Gleichberechtigung der Frau widmete. Sie wurde eine überzeugte Suffragette, setzte sich für Menschenrechte ein und gründete einen Fonds zum Bau von Krankenhäusern, Kirchen und Schulen. Im Frühjahr 1912 bereiste sie mit ihrer Tochter Europa, als sie ein Telegramm aus den Staaten bekam, das sie darüber informierte, dass ihr Enkel Lawrence jr. erkrankt sei. Molly

Sonnenblumen am Straßenrand

Campingplatz im Great Sand Dunes National Park

buchte eine Passage erster Klasse auf dem nächsten Dampfer, der nach Amerika ablegte. Es war die RMS Titanic. Im Rettungsboot Nr. 6 überlebte Molly mit einigen anderen prominenten Damen der Oberschicht wie Elizabeth Rothschild, der Schriftstellerin Helen Candee – die Tochter von Fifth-Avenue-Gründer Andrew Saks –, Leila Meyer oder Sigrid Lindström, der Nichte des früheren schwedischen Premierministers Arvid Posse.

Während des Ersten Weltkriegs setzte sich Molly aktiv für Kriegsopfer – zivile wie militärische – ein und schloss sich dem Amerikanischen Komitee für das zerstörte Frankreich an, das verwundete Soldaten versorgte und sich um die Wiederherstellung verwüsteter Ortschaften im Frontbereich kümmerte.

Als reife Dame erinnerte sie sich ihrer Leidenschaft für das Schauspiel und ging nach Paris, um Dramatik zu studieren. In Paris und New York hatte sie danach Auftritte auf den Brettern, die die Welt bedeuten.

1932 starb sie in New York im Alter von 65 Jahren an einem Gehirntumor.

Start
Denver
I-25
Colorado Springs
70 mi/113 km
Garden of the Gods
I-25

» INFORMATION

Molly Brown House Museum, 1340 Pennsylvania Street, Denver, CO 80203, Tel. 303-832-40 92, www.mollybrown.org

Ihre Lebensgeschichte wurde in den frühen 1960er-Jahren in dem Broadway-Musical »The Unsinkable Molly Brown« und 1964 in dessen Verfilmung (deutscher Titel: »Goldgräber-Molly«) mit Debbie Reynolds verarbeitet.

Von Denver in den Garden of the Gods

Nachdem wir das Wohnmobil mit Lebensmitteln gut bestückt haben, verlassen wir Denver und fahren auf der Interstate I-25 in südlicher Richtung nach Colorado Springs. Bei der Ausfahrt 146 verlassen wird die Interstate und fahren den Schildern nach zum Garden of the Gods.

Damit erwartet uns schon das erste Highlight. Der »Garden of the Gods« (Garten der Götter) ist ein ca. 520 Hektar großer öffentlicher Park am Stadtrand von Colorado Springs zu Füßen des Pikes Peak. Schon von der Terrasse des Besucherzentrums hat man einen hervorragenden Blick auf die roten Felsen, Nadeln und Sandsteingebilde, doch sollten Sie auf alle Fälle auch die kostenlose Panoramastraße fahren. Und so soll der Park zu seinem Namen gekommen sein: Im August 1859 kamen im Rahmen des Aufbaus der Stadt zwei Landvermesser in diese Gegend. Einer von Ihnen, M. S. Beach, soll beim Anblick der roten Felsen gesagt haben, dass dies ein idealer Platz für einen Biergarten wäre. Sein ebenfalls stark beeindruckter Begleiter Rufus Cable entgegnete sinngemäß: »Biergarten? Aber einer für die Götter! Nennen wir es ›Garden of the Gods‹.« Ein Biergarten wurde hier (leider!) nie eröffnet, aber der Name blieb.

Von Colorado Springs in den Great Sand Dunes National Park

Zurück auf der Interstate I-25 geht es bis Walsenburg in südlicher Richtung flott voran. Hier verlassen wir die Interstate und weiter geht es auf dem Highway 160 in Richtung Westen. Über einige Pässe, entlang des Sangre de Cristo Creek (engl. creek = kleiner Fluss), fahren wir bis zur Abzweigung des Highways 150 zum Great Sand Dunes National Park. Bereits hier kann man die große Sanddüne gut sehen.

Im Great Sand Dunes National Park haben über Jahrtausende hinweg westliche Winde die Sandkörner des Rio Grande und seiner Nebenflüsse zu bis zu 230 Meter hohen Sanddünen zusammengeweht und sie auf der Ostseite der Sangre de Cristo Range abgelagert.

Durch viele kleine Bäche im San Luis Valley saugt der Sand Wasser auf. Dadurch wird er schwerer und kann von den Winden nicht mehr fortgetragen werden. Selbst am höchsten Punkt der Dünen ist der Sand ein paar Zentimeter unter der Oberfläche feucht. Da mit der Austrocknung der Bäche auch die Dünen im Laufe der Zeit verschwinden würden, war die Sicherstellung der Wasserversorgung ein Grund dafür, dass das Gebiet im Jahr 2000 durch Bill Clinton in den Rang eines Nationalparks erhoben wurde.

» INFORMATION

Der Park ist besonders bei Familien beliebt, denn wo gibt es mitten im Land einen so großen Sandkasten?

Dadurch, dass der Sand feucht und schwer ist, kann ihn der Wind nicht mehr verfrachten.

Vom Great Sand Dunes NP nach Durango

Zurück auf dem Highway 160 geht die Fahrt weiter Richtung Westen nach Durango. Wir fahren über den gut ausgebauten Wolf-Creek-Pass auf einer Höhe von sage und schreibe über 3300 Meter! Das Erstaunlichste ist dabei, dass in dieser Höhe noch dichter Nadelwald wächst. So verwundert es auch nicht, dass das Gebiet durch einige Skigebiete erschlossen ist.

Durango wurde 1881 von der Eisenbahngesellschaft Denver and Rio Grande Western Railroad gegründet, um den San-Juan-Bergbaudistrikt zu versorgen. In nur neun Monaten wurde die Strecke nach Silverton gebaut, um das dort abgebaute Silber- und Golderz abzutransportieren.

Ein Traum für Eisenbahnliebhaber – aber auch ein Spaß für die ganze Familie – ist eine Fahrt mit der alten Dampfeisenbahn, der Durango-Silverton Railroad, die seit 127 Jahren ununterbrochen ihren Dienst tut.

Der Zug wird von einer historischen mit Kohle befeuerten Lokomotive durch die traumhafte Wildnis der San-Juan-Berge gezogen. Man fühlt sich in den ratternden und schaukelnden Waggons wie in das vorige Jahrhundert zurückversetzt. Die Fahrt nach Silverton dauert fahrplanmäßig dreieinhalb Stunden. Dabei klettert der Zug fast 1000 Meter. In Silverton, auf 2837 Meter Höhe, kann es deutlich kühler sein als in Durango, also packen Sie unbedingt eine Jacke mit ein. Auch eine Sonnenbrille schützt nicht nur vor gleißendem Licht, sondern auch vor Ruß und Asche.

» INFORMATION

Durango & Silverton Narrow Gauge Railroad, 479 Main Avenue, Durango, CO 81301, Tel. (Reservierungen) 970-247-27 33, www.durangotrain.com/about/-international-visitors/german-visitors

Tipp: Im Sommer kommen zwischen 11.45 und 13.30 Uhr drei bis vier Züge in Silverton an, die dann mitten in der Stadt stehen, denn dort enden die Gleise auf der Straße. Da es nur zwei Gleise gibt, werden die Züge rangiert. Eine tolle Gelegenheit, in Ruhe die alten Züge zu fotografieren oder zu filmen.

Historischer LKW im Bergbaustädtchen Silverton

Zurück geht es ein paar Stunden später, es besteht jedoch auch die Möglichkeit, die Strecke mit dem Bus zu fahren.

Von Durango zum Mesa Verde National Park

Auf dem Highway 160 fahren wir weiter nach Westen in den Mesa Verde National Park, den wir nach knapp 37 Meilen (60 km) erreichen.

Nach dem Eingang zum Mesa Verde National Park windet sich die Straße 15 Meilen (24 km) den Tafelberg hinauf. Das Besucherzentrum liegt etwa 600 Meter über dem umliegenden Tal auf einem Hochplateau auf 2500 Meter Höhe. Der Name Mesa Verde kommt aus dem Spanischen und bedeutet »grüner Tisch«. Leider haben Buschbrände in den letzten Jahren einen Großteil des Waldes zerstört.

1888 suchten hier zwei Cowboys nach verirrten Rindern und entdeckten dabei die verlassenen Höhlenwohnungen, Pueblosiedlungen, in denen einst Hunderte von Indianern gelebt haben mussten.

Das Volk der Anasazi, was in der Indianersprache so viel wie »die Alten« bedeutet, bewohnte die Gegend von 500–1300 n. Chr. Etwa

Das Balcony House im Mesa Verde National Park hat etwa 40 Räume und wurde im 13. Jahrhundert n. Chr. von den Anasazi erbaut.

Durango
40 mi/64 km 160
Mesa Verde NP

In Kivas trafen sich vor allem Männer zu Zeremonien.

Blick vom Spider Rock Overlook in den Canyon de Chelly, der auch heute noch im Sommer von den Navajos bewohnt wird.

ab dem frühen 12. Jahrhundert zogen die Anasazi in die Schluchten der Mesa Verde, um in den Steilhängen ihre heute als »Cliff Dwellings« bekannten Felsbehausungen zu errichten. Unter überhängenden Felswänden entstanden imposante Wohnkomplexe. Zuvor hausten sie in Grubenbauten, sogenannten »Pit Houses«, und in großen Gemeinschaftsräumen, den »Kivas«. Bei Ausgrabungen wurden Gebrauchsgegenstände wie Keramikschalen und Trinkgefäße, Korbwaren und Schmuck gefunden.

Die Anasazi verfügten seinerzeit bereits über hervorragende Bewässerungssysteme, die ihnen den Anbau von Mais, Bohnen und Paprikaschoten ermöglichten. Beispiel dafür ist ein heute noch erkennbares Staubecken, der Mummy Lake, der einen Teil der Far View Sites bildet.

Mitte des 13. Jahrhunderts verschwanden die Anasazi plötzlich aus der Gegend. Bis heute ist nicht geklärt, warum und wohin sie zogen.

Zum Canyon de Chelly National Monument

Wieder auf dem Highway 160 fahren wir westlich und hinter Cortez auf dem Highway 491 Richtung Süden in die Ortschaft Shiprock. Doch nicht die Ortschaft interessiert uns, sondern die schon von Weitem sichtbare Felsformation.

Der markante Shiprock erhebt sich 483 Meter über die Ebene und ist ein erodierter Vulkanschlot. Einen ähnlichen Felsen, Agathla Peak, ebenfalls vulkanischen Ursprungs, sieht man in der Nähe des Monument Valley. Für das Volk der Diné (wie die Navajo-Indianer sich selbst bezeichnen) ist der Felsen von großer religiöser und kultureller Bedeutung. In ihrer Sprache heißt er »Tsé Bit' A'í« (Felsen in Gestalt von Flügeln).

Wir fahren nun zum Teil um den Berg herum. Vom Highway 491 biegen wir ca. sechs Meilen (10 km) hinter Shiprock auf die Indian

» WISSENSWERT

Laut einer Erzählung lebten die Diné auf dem Monolithen und verließen ihn nur, um an Wasser zu kommen und um Landwirtschaft zu betreiben. Eines Tages soll ein Blitz eingeschlagen sein, der jeglichen Zugang zerstörte und nur schroffe, steile Felswände und -nadeln hinterließ. Die Bewohner, die sich zu dem Zeitpunkt auf dem Gipfel befanden, wurden dadurch von der Nahrungsmittelversorgung abgeschnitten und verhungerten. Die Diné besteigen den Felsen nicht, da sie sonst die Geister der Toten wecken würden.

Road 13 (gekennzeichnet durch eine Pfeilspitze) in Richtung Red Valley ab. Hier hat man noch mal schöne Ausblicke auf den Monolithen. Bitte fahren Sie für einen Fotostopp vorsichtig an die Seite, denn trotz der heiligen Stätte ist hier alles mit Glasscherben bedeckt.

Wir bleiben auf der Indian Road 13 mit dem Ziel Lukachukai. In den Karten ist diese Straße noch als ungeteert eingezeichnet, dabei ist sie mittlerweile hervorragend ausgebaut, allerdings nur spärlich beschildert. Schon bald steigt die Straße aus der trockenen heißen Wüste an und es geht über einen dicht bewaldeten Pass. Kurz vor der Ortschaft Lukachukai fahren wir völlig überraschend durch fantastisches Red-Rock-Gebiet.

Von Lukachukai geht es auf der Indian Road 12 nach Süden und dann einfach den Schildern zum Canyon de Chelly National Monument nach.

Der Name »de Chelly« ist eine spanische Übersetzung des Navajo-Wortes »Tsegi« und bedeutet Felsschlucht. Das Monument besteht aus zwei Canyons, dem Canyon de Chelly und dem Canyon del Muerto. Am Ausgang, an dem sie sich vereinen, sind die Felswände nur wenige Meter hoch, weiter innen jedoch über 300 Meter. Die Flüsse, die diesen Canyon im Laufe von über zwei Millionen Jahren geformt haben, führen nur in der Regenzeit und während der Schneeschmelze Wasser, sonst ist das Flussbett trocken.

In den Canyons befinden sich Ruinen von mehreren Hundert prähistorischen Indianerdörfern, die vorwiegend in den Jahren 350–1300 n. Chr. erbaut wurden. Zu den bekanntesten gehören die »White House Ruins«, im Canyon de Chelly, und die »Mummy Cave«, im Canyon del Muerto.

Zur den White House Ruins führt ein Wanderweg vom Aussichtspunkt White House Overlook hinunter in den Canyon, den man sonst ohne Erlaubnis nicht betreten darf. Diese kleine Siedlung, gebaut vor etwa 1000 Jahren zur Zeit der früher Pueblo-Kultur, besteht aus zwei Teilen, einem am Fuß der Felswand und einem zweiten einige Meter darüber in einer Felsnische. Die Außenmauer des oberen Hauses besteht aus weißem Stein, daher der Name.

Der bekannteste Ausblick ist jedoch der auf den Spider Rock – eine etwa 240 Meter hohe Felsnadel. In der Mythologie der Diné ist die Kuppe der Wohnort der Spinnenfrau (Spider Woman). Sie brachte den Menschen das Spinnen bei und wird noch heute verehrt.

Auf dem »Million Dollar Highway«

Wir verlassen das Canyon de Chelly NM in Richtung Chinle und nehmen dort den Highway 191 nach Norden bis Mexican Water. Von hier geht es auf dem Highway 160 zurück nach Durango. Dabei passieren wir das Four Corners Monument, das die einzige Stelle in den USA kennzeichnet, an der vier Staaten –

Die White House Ruins wurden in eine Felsspalte gebaut.

Durango
550
Silverton
Ouray
Montrose
125 mi/201 km
50
347
Black Canyon of the Gunnison NP
50
Montrose
Grand Junction

» HISTORISCH

Ab 1880 wurden in der Gegend entlang des Million Dollar Highway in Minenstädten wie **Chattanooga** auf über 3000 Meter Höhe Gold, Silber, Kupfer, Zink und Blei im großen Stil abgebaut. Die bis heute verbliebenen Überreste sind Geisterstädte und man kann sich kaum vorstellen, unter welchen Bedingungen die Arbeiter damals schufteten.

Arizona, Utah, Colorado und New Mexico – rechtwinklig aufeinanderstoßen.

In Durango geht es auf dem Highway 550, der auch als Million Dollar Highway bekannt ist, nach Silverton und weiter über den Red-Mountain-Pass nach Ouray Hot Springs. In Ouray angekommen, bietet es sich an, ein Bad in den heißen Quellen zu nehmen.

Weiter geht es auf dem Highway 550 bis Montrose, wo wir für wenige Meilen auf den Highway 50 in östlicher Richtung abbiegen. Kurz vor Lujane zweigt die Straße Nr. 347 ab, die uns in den Black Canyon of the Gunnison National Park bringt.

Der Gunnison River hat sich vor etwa zwei Millionen Jahren durch eine Sandsteinschicht in die Tiefe gegraben. Die Schlucht ist so tief und so schmal, dass ihre bis zu 555 Meter hohen Wände nur sehr wenig Sonnenlicht bekommen und deshalb schwarz erscheinen.

Von der Panoramastraße hat man immer wieder atemberaubende Ausblicke in den Canyon. Dabei sind Stromschnellen zwar gut zu hören, doch kaum zu sehen, so eng und tief ist die Schlucht.

Zum Dinosaur National Monument

Auf dem Highway 50 fahren wir zurück nach Montrose und in nördlicher Richtung weiter bis Grand Junction. Hier besteht eine gute Gelegenheit, die Lebensmittelvorräte im Wohnmobil aufzufüllen.

» WISSENSWERT

Lange Zeit galt der Black Canyon als unüberwindbares Hindernis. 1901 befuhr der Wasserbau-Ingenieur Fellows zusammen mit William Torrence den Fluss mit einer Gummimatratze als Floß. Sie brauchten für die 33 Meilen (53 km) neun Tage. Dabei fanden sie eine Stelle, an der der Bau eines Tunnels möglich war. Innerhalb von vier Jahren wurde der 5,8 Meilen (9,3 km) lange Gunnison Diversion Tunnel gebaut, der seitdem die Felder im Uncompahgre-Tal bewässert und so fruchtbar macht.

Die bunten Farben der Berge um das ehemalige Minenstädtchen Chattanooga verraten schon ihren Mineralienreichtum.

» INFORMATION

Dinosaur National Monument, 4545 East Highway 40, Dinosaur, CO 81610-9724, Tel. 435-781-77 00, www.nps.gov/dino

Anschließend besuchen wir das Colorado National Monument. Am besten erkundet man das Monument auf dem 23 Meilen (37 km) langen Rim Rock Drive, der entlang des Canyonrandes auf dem Hochplateau verläuft. Die Wände der Schlucht fallen fast senkrecht bis zu 600 Meter tief zum Colorado River ab. Durch Wind, Wasser und Frost sind sie zu fantastischen Gebilden erodiert, die aufgrund von Mineraleinschlüssen wie z. B. Eisen im Gestein in Farben von Rot über Orange bis Braun leuchten.

Unser nächstes Ziel, das Dinosaur National Monument, erreichen wir, indem wir Grand Junction auf der I-70 verlassen und über Fruita bis zur Abzweigung des Highway 139 fahren und diesem in nördlicher Richtung folgen. Ab Rangely richten wir uns dann nach der Beschilderung auf dem Highway 64.

In dieser wunderschönen Gegend am Green und Yampa River mit Farben wie in der »Painted Desert« wurden bedeutende Dinosaurierfunde gemacht. Doch leider hat ein Erdbeben 2006 das Haus, in dem diese Funde ausgestellt sind, beschädigt, und es kann derzeit nicht besucht werden. Die Renovierungsarbeiten laufen aber und eine Wiedereröffnung ist für 2010 geplant.

Auf einem Rundweg durch das Freigelände sind kleinere versteinerte Knochen im Felsen zu sehen. Doch sollten Sie sich nicht wirklich für Paläontologie interessieren, ist der Besuch zurzeit wohl eher enttäuschend.

Nach Jackson Hole

Auf dem Highway 40 fahren wir nach Vernal, von hier aus geht es auf dem Highway 191, dem »Flaming Gorge-Uintas National Scenic Byway«, über Manila (Hw. 44) Richtung Green River (Hw. 530). Hinter Manila überqueren wir bald die Staatsgrenze und setzen unseren Weg im Bundesstaat Wyoming fort.

Versteinerte Dinosaurierknochen sind nur für geübte Augen im Fels zu entdecken.

Ein Murmeltier vor seinem Bau

Wir fahren an der Flaming Gorge National Recreation vorbei. Für den über hundert Kilometer langen See wurde ab 1958 der Green River aufgestaut. Heute ist das riesige Wasserreservoir besonders beliebt bei Anglern und allen Arten von in erster Linie motorisierten Wassersportlern. Die meisten Seezugänge sind nur über lange ungeteerte Staubstraßen möglich.

Vom Red Canyon Visitor Center, am Highway 44 gelegen, hat man einen schönen Blick in den Canyon und auf den See. Zwischen der Red Canyon Area und Manila führt eine geteerte, aber stellenweise relativ schmale Rundstrecke, der 13 Meilen (21 km) lange Sheep Creek Geologic Loop, durch die einsame Berglandschaft in den nördlichen Ausläufern der Uinta Mountains. Die Broschüre Wheels of Time (erhältlich in den Besucherzentren oder in Manila) beschreibt die einzelnen geologischen Formationen an besonders ausgewiesenen Haltepunkten.

In Green River fahren wir auf der Interstate I-80 in nordwestlicher Richtung bis zur Ausfahrt 83. Ab hier geht es auf dem Highway 372 durch das Seedskadee National Wildlife

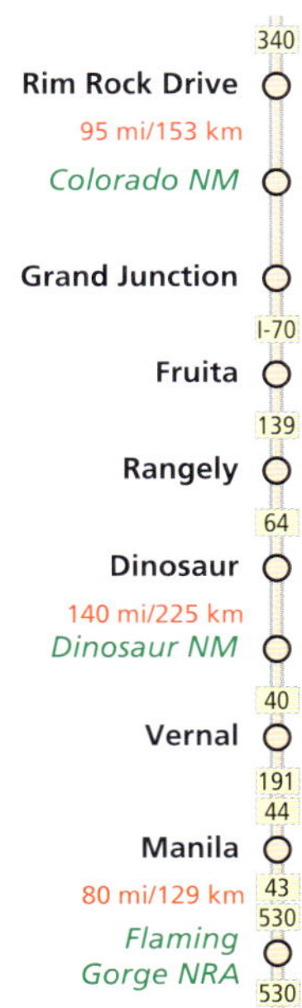

In der Flaming Gorge ist der Green River aufgestaut.

» SEHENSWERT

Für mich ein absolutes Muss bei einem Besuch in Jackson: der Besuch der Galerie Images of Nature des berühmten Naturfotografen Thomas D. Mangelsen (170 North Cache).

Refuge am Green River entlang nach Norden. Hinter Fontenelle wechseln wir auf den Highway 189, der uns bis in das Tal Jackson Hole bringt.

Das obligatorische Erinnerungsfoto vor dem Bogen aus Geweihen in Jackson Hole darf nicht fehlen.

Das Tal, in dem der kleine Ort Jackson liegt, ist von allen Seiten von hohen Bergen umschlossen: den Grand Tetons im Westen, dem Yellowstone im Norden, den Absarokas im Nordosten, dem Mount Leidy Highlands im Osten, den Gros Ventres im Südosten und Hoback im Süden. So ist es nicht verwunderlich, dass Jackson eines der größten und bedeutendsten Ski- und Snowboardgebiete in den USA ist.

Die Stadt Jackson Hole wurde erst 1897 gegründet und viele Häuser um den Marktplatz herum sind noch aus dieser Zeit. Heute leben viele Künstler in der Stadt, die ihre Werke in Boutiquen und Galerien zum Verkauf anbieten.

» HISTORISCH

1807 entdeckten Trapper und Pelzhändler das wunderschöne Jackson-Tal. Täler wurden damals allgemein als »holes« (Löcher) bezeichnet. Erst 1889 ließen sich die ersten Siedler nieder. In den Jahren nach dem Bürgerkrieg herrschten hier gesetzlose Zeiten, so sollen die berüchtigten Banditen Butch Cassidy und Teton Jackson hier gelebt haben.

Zum Grand Teton und Yellowstone National Park

Acht Meilen (13 km) hinter Jackson biegen wir nach links zum Moose Visitor Center ab. Hier bekommt man neben Informationen auch die entsprechenden Karten und Permits (Genehmigungen) für Wanderungen. Gut versorgt folgen wir der Straße, die zuerst am Jenny Lake und später am Jackson Lake vorbeiführt und uns fantastische Ausblicke auf die zackigen Bergspitzen liefert.

Das zerklüftete Profil der Teton-Bergkette, die sich in Nord-Süd-Richtung durch den Park zieht, erhebt sich ohne Vorgebirge 2000 Meter aus der Ebene. Die höchste Erhebung, der Grand Teton, liegt 4197 Meter über dem Meeresspiegel.

Über den John D. Rockefeller Jr. Memorial Parkway (Hw. 89) erreichen wir den Südeingang des Yellowstone National Park.

Die Mutter aller Parks, wie er auch genannt wird, wurde am 1. März 1872 gegründet und ist der erste und älteste Nationalpark der Welt. Auf einem Hochplateau der Rocky Mountains gelegen, findet man hier eine idyllische Landschaft aus natürlichen Nadelwäldern, Seen und Flüssen mit einer artenreichen Tierwelt. Geschützt vor menschlichen Eingriffen, fanden auf den Grasebenen entlang der Flüsse die fast ausgerotteten Bisons eine neue Heimat, ebenso Schwarzbären, Elche, Kojoten, Pumas, Luchse, Gabelböcke und Dickhornschafe. Auch Wölfe leben wieder im Park. 1995/96 wurden 31 Grauwölfe aus Kanada in den Park geholt, die sich mittlerweile gut vermehrt haben.

Doch zu den größten Attraktion des Yellowstone NP gehören sicherlich die Thermalgebiete. Unzählige Fumarolen, also heiße Quellen, bunte Pools, blubbernde Schlammtümpel und nicht zuletzt Geysire sind Teil einer weltweit einmaligen Landschaft. Unter ihnen zählt der Old Faithful zu den bekanntesten und zuverlässigsten Springquellen. Alle 65 Minuten schießt seine bis zu 55 Meter hohe Wasserfontäne in den Himmel, doch auch die kleineren Geysire stehen seiner Schönheit nicht nach.

Im Norden des Parks, bei Mammoth, treten heiße Quellen zutage. Sie haben im Lauf der Zeit die unzähligen Kalksinterterrassen geschaffen. Dampfend läuft das Wasser von einem Becken zum anderen und lagert dabei täglich bis zu zwei Tonnen im Wasser gelösten Kalk ab. So entstehen immer neue Sinterbecken. Seinen Namen verdankt der Yellowstone seinen auffallend gelben Gesteinen. Sie sind vulkanischen Ursprungs und werden als

» WISSENSWERT

In den Grand-Teton-Bergen gibt es heute noch zwölf Gletscher; sie formten während der letzten Eiszeit diese Täler. Der Name »Tetons« kommt vom französischen Wort für Brust. Die Trapper, die die Berge damals als Erste sahen und ihnen diesen Namen gaben, waren wohl schon sehr lange und allein unterwegs gewesen …

Green River
I-80
372
Fontenelle
225 mi/362 km
189
Jackson Hole
189
Jackson
Grand Teton NP
60 mi/97 km
89
Yellowstone NP
200 mi/322 km
Yellowstone Park Straße
89

Algen und Mineralien färben das Thermalwasser im Yellowstone National Park.

Die kleine Kirche Saint Malo wurde 1936 von Erzbischof Urban Vehr zu Ehren der heiligen Katharina von Siena geweiht.

Rhyolit bezeichnet. Im Grand Canyon of the Yellowstone River hat sich der Fluss tief in die farbenprächtigen Rhyolite eingegraben. 94 Meter tief stürzt der Fuß über die Kante der Lower Falls in die Schlucht hinab. Auch am Westufer des riesigen Yellowstone Lake, mit 354 Quadratkilometern der größte Bergsee Nordamerikas, befindet sich ein geothermisches Gebiet mit heißen Quellen.

Trotz der unterschiedlichsten vulkanischen Sehenswürdigkeiten im Park ist den meisten Besuchern doch nicht bewusst, dass sie sich auf einem Supervulkan bewegen. Rund acht Kilometer unter dem Park befindet sich eine gewaltige Magmakammer, die etwa 40–50 Kilometer lang, 20 Kilometer breit und 10 Kilometer tief ist. Zunächst konnten die Wissenschaftler hier keinen Vulkankrater entdecken, bis die NASA eher zufällig eine neue Infrarotkamera ausgerechnet über dem Park testete. Der dabei sichtbar gewordene Krater ist etwa 70 Kilometer lang und rund 30 Kilometer breit. Untersuchungen der Ascheschichten ließen auf drei Ausbrüche schließen. Eine große Eruption ereignete sich vor etwa zwei Millionen Jahren, die zweite vor gut 1,2 Millionen Jahren und die dritte vor ungefähr 600 000 Jahren. Daraus ergibt sich ein Zyklus von rund 600 000 bis 650 000 Jahren.

Im Park sind 22 seismografische Stationen verteilt, die jede noch so kleine Erschütterung registrieren und überwachen. Denn eins ist sicher: Der nächste Ausbruch kommt bestimmt, nur wann – ob in der kommenden Woche oder erst in einigen Tausend Jahren –, das weiß niemand.

Zum Rocky Mountain National Park

Heute steht uns eine lange Fahrt bevor. Wir verlassen den Park, wie wir gekommen sind, über den Südeingang, und fahren auf dem Highway 89/287 nach Süden. An der Moran Junction bleiben wir auf dem Highway 287, dem wir in südöstlicher Richtung folgen, bis wir bei Rawlins auf die Interstate I-80 treffen. Auf dieser fahren wir in westlicher Richtung bis zur Ausfahrt 187. Auf dem Highway 789 geht es nach Süden weiter. Kurz hinter Baggs befinden wir uns wieder im Bundesstaat Colorado, wo unser Highway nun die Nr. 13 hat. In Craig biegen wir ab auf den Highway 40 und erreichen in östlicher Richtung, vorbei an bekannten Skigebieten wie Steamboat Springs, den Rocky Mountain National Park.

Kurz vor Granby wechseln wir auf die Trail Ridge Road (Hw. 34) nach Norden. Vorbei an den Seen Lake Granby und Shadow Mountain Lake klettern wir bequem mit dem Wohnmobil hinauf zum »Dach des Kontinents«, wie die Gegend hier auch genannt wird. Der Park umfasst über 70 Dreieinhalb- und Viertausender. Der höchste Gipfel ist der 4345 Meter hohe Longs Peak. Die Gebirgsformen sind wider Erwarten eher rundlich und erinnern viel mehr an Hügel als an Dreitausender. Gletscher der Eiszeit haben tiefe Trogtäler ausgeschliffen und nach ihrem Abschmelzen viele Seen zurückgelassen. Längs durch den Park verläuft die »Continental Divide« (kontinentale Wasserscheide), die den Park in Nord-Süd-Richtung teilt und gleichzeitig eine Wetterscheide bildet. Westlich dieser Grenze fällt deutlich mehr Regen und Schnee als im Osten des Parks.

Durch das idyllische Kawneeche-Tal plätschert der noch kleine Colorado River und auf den Wiesen grasen Wapitis. Ab Mai blühen die Wildblumen in der subalpinen Zone, im Juni/Juli dann auch in den alpinen Zonen. Leider hat der Pine Beetle, eine Art Borkenkäfer, in den letzten Jahren ganze Landstriche verwüstet. Über weite Flächen sind vormals grüne Nadelwälder jetzt nur noch ein totes graues Meer aus kahlen Stämmen. Auf der Westseite ist mittlerweile fast jeder Nadelbaum abgestorben und der Käfer zieht weiter auf die Ostseite. Bekämpft werden kann er nur an wenigen Stellen wie z. B. an Campingplätzen und um Häuser herum. Dabei kommt erstmals ein neuartiger Brenner zum Einsatz, der 1800 °C heiße Luft in die Bohrlöcher des Käfers bläst und damit die Larven abtötet.

Die Passstraße windet sich bis auf 3713 Meter hinauf und ist aus diesem Grund nur zwischen Juni und Oktober befahrbar. Auch im Sommer kann man hier immer noch gern auf Schnee treffen. Die Waldgrenze liegt bei 3400 Meter Höhe und somit überdurchschnittlich hoch. In tieferen Lagen gedeihen dichte Wälder – Goldkiefern an den wärmeren, trockeneren Südhängen, Douglastannen an den feuchteren Nordhängen. In den Tälern findet man Mischwälder, Feuchtgebiete und große offene Wiesen durchsetzt mit vielen kleinen Wasserflächen. Die schönste Jahreszeit ist hier für mich der Herbst, wenn sich die Tundra rot verfärbt und die goldenen Blätter der Bäume in der Sonne leuchten.

Zurück nach Denver

Wir verlassen den Park und fahren über Estes Park auf dem Highway 36 über Boulder nach Denver.

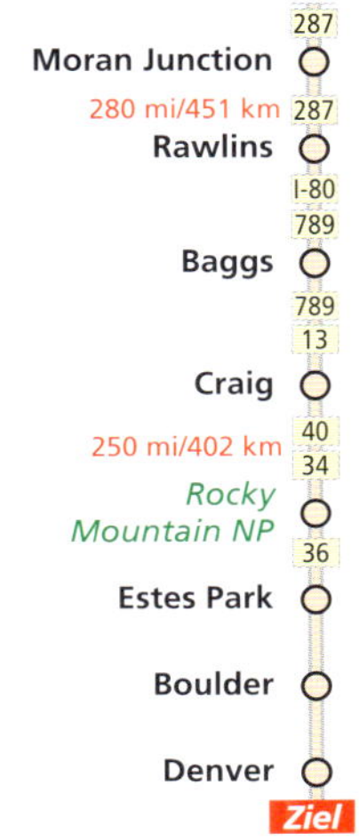

Aussicht von der Panoramastraße »Trail Ridge Road« auf die hohen Gipfel der Rockys

» REISEINFORMATIONEN

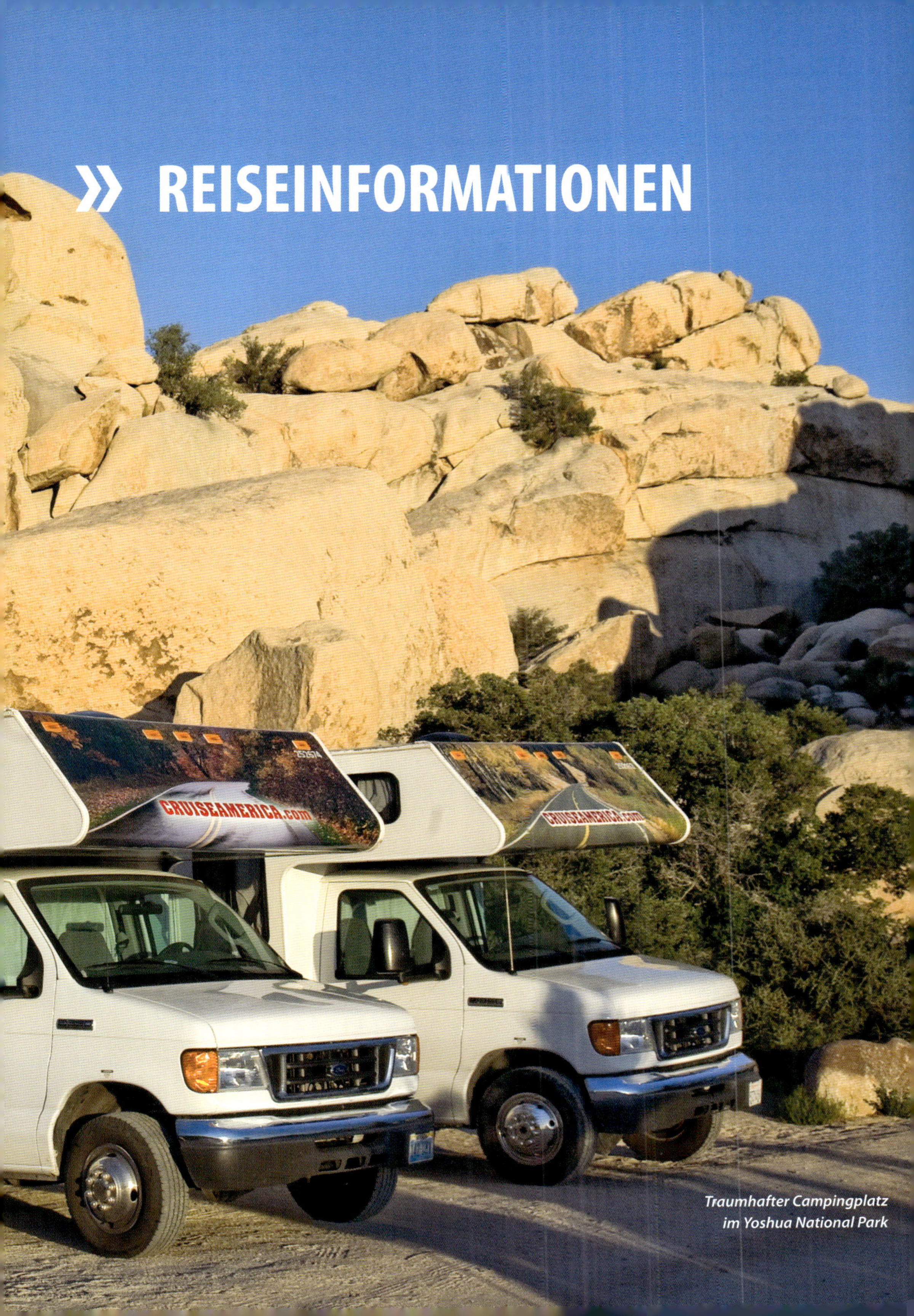

Traumhafter Campingplatz im Yoshua National Park

REISEINFORMATIONEN VON A BIS Z

Einreise

Seit Januar 2009 müssen alle USA-Reisenden, auch Kinder, mindestens 72 Stunden vor Reiseantritt online eine ESTA-Genehmigung (Electronic System for Travel Authorization) beantragen. Dieses Formular entspricht der grünen Karte, die bisher während des Fluges ausgeteilt wurde, und soll diese ersetzen. Im Sommer 2009 musste man sie trotzdem, wie eh und je, zusätzlich ausfüllen. Diese Genehmigung ist zwei Jahre gültig. Bei Änderungen des Namens, der Adresse oder Neuausstellung eines Reisepasses muss sie neu beantragt werden.

Im September 2009 hat sich der US-Senat für die Einführung einer Einreisegebühr von zehn Dollar entschieden. Bei Drucklegung dieses Buches (Oktober 2009) ist das Gesetz jedoch noch nicht in Kraft, da das Repräsentantenhaus noch nicht zugestimmt hat. Betroffen von dieser Regelung sind alle Reisenden, die kein Visum brauchen und für weniger als 90 Tage in die USA reisen.

Zur Einreise in die USA benötigen Besucher aus Deutschland, Österreich und der Schweiz einen maschinenlesbaren Reisepass, der mindestens bis zum Ende der Reise gültig sein muss.

Bei der ersten Landung in den USA passiert man den Einwanderungsschalter. Der Immigration Officer scannt die Fingerabdrücke beider Hände und nimmt ein digitales Passfoto auf. Außerdem erkundigt er sich nach dem Grund und der Dauer der Reise. Die Aufenthaltsgenehmigung ohne Visum beträgt 90 Tage. Manchmal möchte der Beamte auch das Rückflugticket und die Kreditkarte sehen.

Visa-Informationen erhalten Sie unter Tel. 0900/185 00 55.

Als Nächstes geht es zum Gepäckband, dem »Baggage Claim«. Auch wenn Sie noch nicht am Ziel sind, sondern es sich um eine Zwischenlandung handelt, nehmen Sie bitte Ihr Gepäck in Empfang und geben es für den Weiterflug erneut auf.

Bitte achten Sie darauf, dass Sie Ihr Gepäck nicht abschließen. Schlösser, die nicht dem TSA-Standard entsprechen, werden mit hoher Wahrscheinlichkeit von den Behörden gewaltsam geöffnet. Doch auch die Verwendung eines TSA-Schlosses kann bei kurzen Umstiegszeiten dazu führen, dass das Gepäck nicht mitkommt und erst mit der nächsten Maschine das Ziel erreicht.

Die meisten Fluggesellschaften erlauben zwei Gepäckstücke à 23 Kilogramm. Darüber hinaus muss Übergepäck bezahlt oder am Schalter umgepackt werden. Da mir das schon ein paar Mal passiert ist (vor allem beim Rückflug), nehme ich aus diesem Grund jetzt immer eine kleine Federwaage mit.

Feiertage/Feste

New Year	1. Januar
Martin Luther King Day	3. Montag im Januar
President's Birthday	3. Montag im Februar
Memorial Day	Letzter Montag im Mai, Beginn der Hauptsaison
Independence Day	4. Juli (Unabhängigkeitstag)
Labor Day	1. Montag im September (Tag der Arbeit)
Columbus Day	2. Montag im Oktober
Veterans Day	11. November
Thanksgiving	4. Donnerstag im November
Christmas Day	25. Dezember

Vor allem die Daten des Memorial und des Labor Day sollten Sie bei Ihrer Reiseplanung berücksichtigen, denn an diesen »Holiday Weekends« ist ganz Amerika unterwegs. Wer da z. B. den Campingplatz nicht vorgebucht hat, wird schwer einen freien Platz finden.

Geld und Devisen

Bargeld

Der US-Dollar ist in 100 Cent unterteilt. Es gibt Münzen zu 1 Cent (penny), 5 Cent (nickel), 10 Cent (dime), 25 Cent (quarter), 50 Cent (half dollar) und 1 Dollar.

Die Dollarscheine im Wert von 1, 2, 5, 10, 20, 50 und 100 Dollar sind fast gleich groß und alle grün. Die 2-Dollar-Scheine sind allerdings sehr selten, ich habe noch keinen gesehen.

Lassen Sie sich beim Geldwechsel kleine Stückelungen geben, da z. B. 100 Dollar-Scheine nur sehr ungern angenommen werden.

Kreditkarten

Eine Kreditkarte ist in USA unbedingt erforderlich, mit ihr hinterlegen Sie das Deposit bei der Autovermietung, zahlen in Supermärkten und an der Tankstelle. Die gängigsten sind EuroCard/MasterCard und Visa.

Sollten Sie im Supermarkt gefragt werden, ob

Sie mit Ihrer Karte per Kredit oder per Debit zahlen möchten, antworten Sie besser mit Kredit. Bei Debit wird der Betrag sofort abgezogen, und wenn auf der Karte kein Guthaben ist, fallen Sollzinsen an.

Sollte Ihnen die Kreditkarte abhandenkommen, lassen Sie sie bitte sofort sperren. Die Notfallnummer bei Verlust einer MasterCard oder VISA-Card lautet Tel. 0049/11 61 16.

Indianischer Flötenspieler

EC-Karte

Wenn Ihre EC-Karte über ein Maestro-Zeichen verfügt, können Sie in den USA an ATM-Automaten mit Ihrer PIN-Nummer Geld abheben wie zu Hause. Diese Automaten finden Sie in vielen Supermärkten, Fastfood-Restaurants und Banken. Erkundigen Sie sich vor der Reise bei Ihrem Bankinstitut, welche Gebühren dafür anfallen.

Travellerschecks

Die Reiseschecks sollten auf US-Dollar lauten. Sie werden in der Regel wie Bargeld angenommen. Bewährt haben sich Schecks in Höhe von 50 bis 100 Dollar.

Linke Seite: Für Backcountry Camps empfiehlt sich ein Allrad-Fahrzeug.

Maße und Gewichte

Rund um den Globus gibt es nur noch drei Staaten, die nicht das metrische System verwenden: Liberia, Myanmar und die USA. So bleibt einem nichts anderes übrig, als umzurechnen.

Längenmaße:

1 inch (in) = 2,54 cm
1 foot (ft) = 12 inches = 30,48 cm
1 yard (yd) = 3 feet = 91,5 cm
1 mile (mi) = 1,6 km, 1 km = 0,62 mi

Flächenmaße:

1 square foot = 930 cm^2
1 acre = 0,4 ha = 4047 m^2
1 square mile = 259 ha = 2,59 km^2

Hohlmaße:

1 pint = 0,47 l
1 quart = 0,95 l
1 gallon = 3,79 l

Gewichte:

1 ounce (oz) = 28,35 g
1 pound (lb) = 453,6 g
1 ton = 907 kg

Temperatur:

32 °F (Fahrenheit) = 0 °C
64 °F = 18 °C
70 °F = 21 °C
80 °F = 27 °C
100 °F = 38 °C
113 °F = 45 °C

Parkeintrittsgebühren

Alle National Parks sind gebührenpflichtig (Fee Area). Der Eintrittspreis ist abhängig von der Bekanntheit und Größe des Parks und liegt zurzeit bei 10–25 Dollar pro Auto. Dieses Permit gilt in der Regel für sieben Tage.
Ich empfehle Ihnen, den Annual Pass (America the Beautiful National Parks und Federal Recreational Lands Annual Pass) für 80 Dollar (Stand 2009) zu kaufen. Er ist ein Jahr gültig. Außerdem berechtigt er zum freien Eintritt in allen National Monuments und National Recreation Areas, jedoch nicht in State Parks. Ich habe trotzdem bisher noch jedes Mal die Kosten wieder gut hereinbekommen.

Medizinische Versorgung

Über die hiesigen gesetzlichen Krankenkassen sind Sie in den USA nicht versichert. Eine

Trading Post in Three Rivers/ New Mexico

private Auslandsreisekrankenversicherung ist unbedingt erforderlich, da die Kosten für medizinische Behandlungen sehr hoch sind und im Voraus bezahlt werden müssen.
Privatversicherte sollten vor der Reise mit Ihrer Krankenkasse abklären, ob der Schutz ausreichend ist.
Schreiben Sie sich am besten vor Reiseantritt die Notfallnummer Ihrer privaten Auslandsreisekrankenversicherung so auf, dass Sie sie im Ernstfall schnell zur Hand haben.

Sicherheit

Auch wenn man aus Kino- und Fernsehfilmen oft einen anderen Eindruck bekommen könnte, ist das Reisen in den USA sicher. Natürlich sollten Sie Ihre Wertsachen nicht zur Schau stellen und das Auto/Wohnmobil beim Verlassen komplett verriegeln.
Beachten sollten Sie jedoch, dass das Campen auf privatem Eigentum oder am Straßenrand nicht gestattet ist. Sie könnten Ärger bekommen, eventuell verhaftet werden, oder im schlimmsten Fall könnte der Eigentümer auf Sie schießen. In den Vereinigten Staaten von Amerika ist Privateigentum wirklich privat. Das Schild NO TRESPASSING bedeutet Durchgang verboten/Betretungsverbot.
Benutzen Sie nur öffentliche Strände und Campingplätze und ausgewiesene Wanderwege in den State und National Parks.

Telefonieren und Internet

Von den USA nach Deutschland wählen Sie: 0049 + Ortsvorwahl (ohne Null) + Teilnehmernummer
Gebührenfrei (toll free) sind Nummern, die mit 1/800, 1/888, 1/877 oder 1/866 beginnen.
Auf vielen Campingplätzen, in Motels, Cafés und (Schnell-)Restaurants kann man mit seinem eigenen Laptop per WIFI (kabellos), meist kostenlos, ins Internet. Dagegen sind Internetcafés, in denen einem ein PC gestellt wird, relativ selten.

Trinkgeld

Tips werden in den USA von verschiedenen Dienstleistern erwartet, da das Grundgehalt sehr niedrig ist. In Restaurants werden 15–20 % erwartet. Ist man mit dem Service besonders zufrieden, dürfen es auch 25 % sein. Auch Taxifahrer, Friseure und Zimmermädchen sind dringend auf die Trinkgelder angewiesen.

Im Frühjahr nach der Schneeschmelze haben die Wasserfälle im Yosemite National Park immens viel Wasser.

Unterwegs mit dem Wohnmobil

In Amerika ist das Autofahren in der Regel wesentlich entspannter als in Deutschland. Zum einen sind die Straßen deutlich großzügiger angelegt und zum anderen ist es durch das Tempolimit viel weniger stressig auf den Highways. So hat man oft auf langen Strecken immer die gleichen Fahrzeuge vor bzw. hinter sich.

Relaxen an den Jumbo Rocks im Yoshua Tree National Park

Rechte Seite: Der Cathedral Rock spiegelt sich im Oak Creek/Arizona.

Fahrzeugübernahme

Die Camperverleihstationen liegen oft, im Gegensatz zu den normalen Autovermietungen, nicht am Flughafen, sondern nicht selten viele Meilen davon entfernt. So sollten Sie vorher abklären, ob der Vermieter einen Transfer zur Station als Inklusivleistung anbietet.

Am Schalter der Autovermietung legt man den Führerschein (driver's licence), die Kreditkarte (credit card), den Pass (photo id) und den vorausbezahlten Gutschein (voucher) vor. Der internationale Führerschein ist nicht erforderlich, aber bei Verkehrskontrollen manchmal hilfreich. Bevor man das Fahrzeug übernimmt, sollte man es auf eventuelle Schäden genau überprüfen und diese protokollieren. Meist sind die Fahrzeuge vollgetankt und es ist darauf zu achten, ob man das Auto aufgetankt oder mit leerem Tank zurückgeben muss.

In der Regel ist weder das Befahren von unbefestigten »Schotter«-Straßen (unpaved roads) noch der Grenzübertritt nach Mexiko mit dem Fahrzeug erlaubt. Bei Nichtbeachtung verlieren Sie den Versicherungsschutz.

Ein Polizist kontrolliert per Radarpistole den Verkehr in Las Vegas.

Wichtige Verkehrsregeln

Die Höchstgeschwindigkeit ist in den einzelnen Bundesstaaten unterschiedlich geregelt. Auf Interstates und Highways liegt sie bei 55–75 mph (Meilen pro Stunde), das sind 89–120 Stundenkilometer; in Ortschaften sind 25–30 mph (40–48 km) erlaubt.

Bei Verkehrsvergehen ist mit der Highway Patrol nicht zu spaßen. Die Geschwindigkeit wird zum Teil aus der Luft überwacht, aber auch mit der Laserpistole.

Sollten Sie von der Polizei angehalten werden, fahren Sie bitte rechts an den Fahrbahnrand. Bleiben Sie auf alle Fälle ruhig im Fahrzeug sitzen, öffnen Sie das Fenster und legen Sie die Hände auf das Lenkrad. Nach Aufforderung reichen Sie dem Polizisten Pass und Führerschein. Eventuelle Strafen sollten Sie unbedingt begleichen, denn bei Nichtbezah-

lung drohen, auch Jahre später noch, Haft oder ein Einreiseverbot!
Das Rechtsabbiegen an roten Ampeln ist nach einem vollständigen Stopp erlaubt, nachdem Sie sich vergewissert haben, dass Sie dadurch weder Fußgänger noch andere Fahrzeuge behindern. Sollte es nicht erlaubt sein, steht auf einem Schild »No turn on red«. Fußgänger, besonders Kinder, haben immer Vorrang!
Haltende Schulbusse mit blinkenden Warnleuchten dürfen nicht, auch nicht vom Gegenverkehr, überholt werden.
In den Städten gibt es zusätzlich zu den Schildern »No parking«, »No standing« oder »No stopping« farbige Markierungen für Parkplätze. Dabei bedeutet:

- Rot = Halteverbot,
- Gelb = Parkverbot,
- Grün = Parkzeit 10–20 Minuten,
- Weiß = Parkzeit 5 Minuten,
- Blau = Behindertenparkplatz.

Vor Hydranten darf natürlich in keinem Fall geparkt werden.
Mitglieder des ADAC, des österreichischen oder schweizerischen Automobilclubs sollten ihre Mitgliedskarte mitnehmen, denn gegen Vorlage dieses Ausweises bekommt man bei der AAA (American Automobile Association) kostenlos hervorragende Straßenkarten (state maps). AAA-Geschäftsstellen (sprich: triple A) findet man in allen Großstädten, die Adressen stehen im örtlichen Telefonbuch.
Außerdem können Sie bei vielen Dienstleistern einen Rabatt oder Sonderkonditionen erhalten, wenn Sie Ihre Clubkarte zeigen (show your card).

Wichtige Rufnummern

Notruf (Polizei, Unfallrettung): 911 oder 0 (für die Vermittlung über einen Operator)
Straßenhilfsdienst: 1/800/222 43 57
Bei Pannen und/oder Unfällen mit einem Leihwagen sollten Sie auch immer den Autovermieter informieren. Nicht nur in solchen Fällen kann die folgende Vokabelliste hilfreich sein.

AAA	*American Automobile Association*
air pressure	*Luftdruck*
ATV	*all-terrain vehicle*
bald tire	*abgefahrener Reifen*
brake	*Bremse*
bump, dip	*Bodenwelle, Mulde*
Car Pool Lane	*Spur für Busse, Taxis und Fahrgemeinschaften*
CDW (Collision	*freiwillige Versicherung*
Damage Waiver)	*freiwillige Versicherung für selbst verschuldete Schäden am Mietwagen*
Dead End/ No Through Street	*Sackgasse*
Denver shoe	*Reifenkralle*
detour	*Umleitung*
Do not pass	*Überholverbot*
DUI (Driving under influence of alcohol	*Fahren unter Alkoholeinfluss*
engine	*Motor*
fee	*Gebühr*
fender	*Kotflügel*
Flagman ahead	*Baustelle, auf Straßenarbeiter mit roter Flagge achten*
flat tire	*Reifenpanne*
Form single lane	*Verengung an einer Spur*
4-Way-Stop	*Kreuzung mit Stopp aus jeder Richtung (wer als Erster kommt, darf als Erster fahren)*
gas station	*Tankstelle*
gear	*Gang*
handicapped parking	*Behindertenparkplatz*
headlight	*Scheinwerfer*
hood	*Motorhaube*
junction	*Kreuzung*
Lane ends, merge left	*Fahrspurende, links einfädeln*
licence plate	*Nummernschild*
maximum premissible pressure	*maximal zulässiger Luftdruck*
maximum speed	*Höchstgeschwindigkeit*
Men working	*Straßenarbeiten*
merge	*einfädeln*
muffler	*Auspuff*
No passing	*Überholen verboten*
No trespassing	*Zufahrt, Zutritt verboten*
(No) u-turn	*Wenden (verboten)*
parking brake	*Handbremse*
Ped Xing	*Fußgängerüberweg*
Rest Area	*Rastplatz*
Restricted Parking Zone	*zeitlich begrenztes Parken*
Right of way	*Vorfahrt*
Road under Construction	*Baustelle*
RV (Recreation Vehicle)	*Wohnmobil, Camper*
slick tire	*profilloser Reifen*
specified inflation pressure	*vorgeschriebener Luftdruck*
speed limit	*Tempolimit*
steering wheel	*Lenkrad*
the windscreen is cracked	*die Windschutzscheibe hat einen Sprung*
tire	*Reifen*
to accelerate	*beschleunigen*
Toll Plaza	*Mautstation*
trailer	*Wohnwagen*
transmission	*Antrieb*
trunk	*Kofferraum*
Turnpike	*gebührenpflichtige Schnellstraße*
under-inflation	*zu geringer Luftdruck*
windscreen	*Windschutzscheibe*
wiper	*Scheibenwischer*
Wrong way	*Einfahrt verboten*
Yield	*Vorfahrt achten*

Tanken

Wohnmobile fahren mit »unleaded gas«, also bleifreiem Normalbenzin. Der Verbrauch dieser RVs liegt bei 20–40 Litern pro 100 Kilometer, abhängig natürlich von der Fahrweise, der Größe des Mobils und den Straßenverhältnissen.

Seit der Wirtschaftskrise hat sich das Tankverhalten verändert. Steckte man früher einfach die Kreditkarte in die Tanksäule, so muss man heute in vielen Staaten zusätzlich den Zipcode angeben. Da man als Tourist keine amerikanische Postleitzahl hat, hinterlegt man die Kreditkarte an der Kasse, erst dann wird die

Säule freigegeben und der Sprit fließt. Wer das nicht möchte, kann natürlich auch bar im Voraus bezahlen.
Eine weitere Tücke sind die Zapfsäulen selbst. Manchmal gibt es einen Hebel, den man ziehen oder umklappen muss, bevor das Benzin läuft. Sollten Sie einmal Probleme haben, scheuen Sie sich nicht, um Hilfe zu bitten. Ich habe die Erfahrung gemacht, dass das Personal äußerst freundlich ist und wirklich gerne weiterhilft.

Versicherung

Zu unterscheiden sind die Kasko-Versicherung und die Haftpflichtversicherung.
Die Kasko-Versicherung wird als CDW oder CDR bezeichnet. Sie ist im Mietpreis in der Regel enthalten und reduziert das Eigenrisiko des Mieters für Schäden am Fahrzeug bei Diebstahl und Vandalismus. Sie beinhaltet jedoch immer auch einen gewissen Selbstbehalt.
Die Haftpflichtversicherung deckt Ansprüche von Dritten und/oder Schäden am Eigentum Dritter ab.

Zeitzonen

Die USA erstrecken sich über sechs Zeitzonen. Für unsere Reisen im Westen sind folgende relevant:
MST (Mountain Standard Time): MEZ minus 8 Std.
PST (Pacific Standard Time:) MEZ minus 9 Std.

In den meisten Bundesstaaten gilt zudem zwischen dem zweiten Sonntag im März und dem ersten Sonntag im November die Sommerzeit: Daylight Saving Time (DST), mit Ausnahme von Arizona.

Sonnenuntergang an der Big Sur Küste

Raddampfer auf dem Lake Tahoe

QT

Register

Sedonas bekannteste und meist fotografierte Felsen, die roten Türme des »Cathedral Rock«

Impressum

Unser komplettes Programm:

www.bruckmann.de

Produktmanagement: Claudia Hohdorf
Lektorat: Désirée Schoen, München
Layout: Comtex Mediendesign, Augsburg
Repro: Cromika s.a.s., Verona
Kartografie: Angelika Solibieda, Frankfurt
Herstellung: Thomas Fischer
Printed in Italy by Printer Trento

Alle Angaben dieses Werkes wurden vom Autor sorgfältig recherchiert und auf den aktuellen Stand gebracht sowie vom Verlag geprüft. Für die Richtigkeit der Angaben kann jedoch keine Haftung übernommen werden. Für Hinweise und Anregungen sind wir jederzeit dankbar. Bitte richten Sie diese an:

Bruckmann Verlag
Postfach 400209
D-80702 München
E-Mail: lektorat@verlagshaus.de

Bildnachweis:
Alle Abbildungen stammen von Gaby Fichtl, außer:
Ute Jungchen, S. 58, 59 (2), 60, 61 o.

Die Deutsche Nationalbibliothek verzeichnet diese Publikation in der Deutschen Nationalbibliografie; detaillierte bibliografische Daten sind im Internet über http://dnb.d-nb.de abrufbar.

ISBN 978-3-7654-5299-4